부의 변곡점

부의 변곡점

돈에 쪼들리던 가난한 직장인이
불과 2년 만에 경제적 자유를 이룬 비결

정윤진(돈버는형님들) 지음

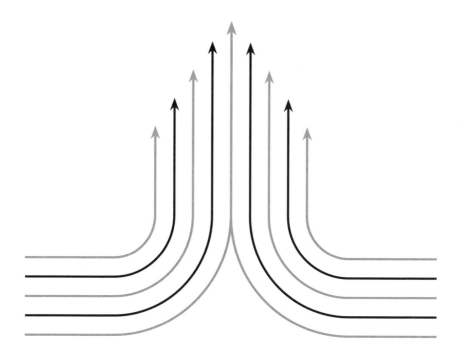

 mindset

부의 변곡점을 잡아라

변곡점이란 '굴곡의 방향이 바뀌는 자리를 나타내는 곡선 위의 점'
이다. 인생을 살다 보면 수많은 변곡점을 만난다. 고등학생은 수능
을 기점으로 대학생이 되고, 대학생은 졸업을 기점으로 사회인이
된다. 또 직장인은 결혼을 기점으로 유부남·유부녀가 되고, 출산을
기점으로 부모가 된다. 그 기점들이 변곡점이다.

어린 시절 꿈꿨던 어른의 모습과 성인이 된 현재의 모습은 엄연
히 다르다. 인생의 중요한 시점에 어떤 선택을 하고, 어떤 변곡점
을 지났느냐에 따라 달라진다. 누구에게나 기회는 온다. 주식, 부
동산, 가상화폐, 유튜브, 인스타그램, 블로그 등 기회가 와도 우리
는 그게 기회인지 모르고 지나간다. 반면 소수의 사람은 이런 기회
를 통해 부를 이룬다. 부를 이루려면 결정적으로 부의 변곡점을 반

드시 지나야 한다.

　나는 대학생 때 생활비를 벌기 위해 막노동을 했다. 교통비가 없어 불법으로 피를 팔았다. 학비도 당연히 학자금 대출을 받았고, 동기들이 취업 준비하는 대학 4학년 때는 아르바이트를 전전했다. 그렇게 졸업한 뒤 중소기업에 취업해 받은 첫 월급이 150만 원이었다. 28살에는 전 재산을 털어 600만 원으로 결혼해, 외국인 노동자들이 거주하는 30년 넘은 주공아파트에 신혼집을 마련했다. 월급을 조금이라도 더 받기 위해 외국계 회사로 이직했지만, 삶은 좀처럼 나아지지 않았다. 인생 역전을 꿈꾸며 마이너스통장을 만들어 가상화폐에 투자했는데, -95%라는 말도 안 되는 수익률을 기록하며 빚쟁이가 됐다. 그랬던 내가 인생 밑바닥에서 스마트스토어라는 부업을 통해 부의 변곡점을 지났다.

　부업으로 시작한 쇼핑몰로 2년 만에 23억 원이라는 매출을 달성했다. 그 성과로 시간당 100만 원 이상 받는 강사가 됐고, 전자책 출간 20일 만에 약 1억 4,000만 원의 수입이 발생했다. 그리고 온라인 강의 플랫폼 '클래스유'에서 스마트 스토어 강의 오픈 후 1달 만에 8억 원 이상의 매출을 올렸다. 또 오픈채팅방을 운영하며 1달 만에 1,000만 원을 벌어들였으며, 유튜브 시작 4개월 만에 구독자 4만 명이 되며 광고 수익으로 월급을 뛰어넘는 유튜버가 됐다. 평범한, 아니 누구보다 찌질했던 내가 이렇게 될 수 있었던 비결은 바로 '부의 변곡점'을 지난 덕분이다.

가난은 대물림된다. 그래서 부모가 가난하면 자녀도 가난할 확률이 높다. 가난에서 벗어나는 건 말처럼 쉬운 일이 아니다. 아무리 돈을 벌고 싶은 의지와 열정이 강해도 방법을 모르면 돈을 벌수 없다. 자녀에게 가난을 물려주고 싶지 않다면, 가난의 고리를 끊고 싶다면, 지금과는 달라져야 한다. 그래야 부의 변곡점을 만날수 있다.

이 책은 부의 추월차선에 올라타는 방법에 대한 여러 책 중 하나일 뿐이다. 하지만 이 한 권이 당신의 인생을 송두리째 바꿔놓을수 있다고 믿는다. 사람을 움직이게 하지 않는 책은 한낱 종이에지나지 않는다. 그 생각으로 가난하고 찌질하게 살던 내가 부의 변곡점을 지나는 과정을 고스란히 담았다. 그 여정을 들여다보며 당신도 부디 머지않아 부의 변곡점을 지나는 순간을 만나길 바란다.

돈버는형님들

"아무것도 하지 않으면 아무 일도 일어나지 않는다.
하지만 무슨 일이라도 시작하면 어떤 일인가 일어난다."

돈은 내게서
모든 걸 앗아갔다

01
—

찢어지게 가난했던
어린 시절

학창 시절에는 빈부격차를 체감하기 어렵다. 같은 교복에 같은 급식을 먹으니 누가 잘 사는지, 못 사는지 잘 모른다. 내가 고등학생일 때는 나이키 운동화와 노스페이스 패딩이 유행했다. 한 반에 3분의 1이 같은 브랜드의 신발과 옷을 입고 다녔다. 집이 가난했던 나는 부모님께 10만 원 넘는 나이키 운동화를 사달라고 말할 엄두가 나지 않았다. 그래서 나이키 운동화를 신고 싶은 마음에 대학교 앞 노점상에서 3만 원을 주고 짝퉁을 샀다.

짝퉁도 정교함에 따라 A급, B급, C급으로 나뉘는데, 하필 내가 산 운동화는 C급이었다. 다음날 나이키 운동화를 신고 당당하게 학교에 갔는데, 아이들이 한 번에 짝퉁인 걸 알고 놀렸다. 얼굴이 화끈거렸다. 불행 중 다행은 하루만 놀림 받고 다음 날부터 아무도 내 신발에 신경 쓰지 않았다는 것이다. 짝퉁 신발을 신는다고 친구와 사이가 멀어지거나 왕따를 당하지도 않았다. 그렇게 학생일 때는 부자든 가난하든 모두가 거리낌 없이 지냈다.

고등학교 졸업 후, 부산 영도에 위치한 한국해양대학교에 입학했다. 학비가 저렴하다는 이유로 국립대를 선택했다. 거리가 멀어 등교하려면 버스를 3번씩 갈아타야 했다. 하루에 집-학교 왕복으로 버스를 6번씩 오르내려야 했지만, 돈이 없으면 이런 불편은 감수해야 한다고 생각했다.

대학교에서는 돈 있는 사람과 없는 사람의 차이가 조금씩 드러났다. 잘사는 아이는 1학년 때부터 승용차를 타고 등교했으며, 누가 봐도 들어봤을 만한 명품 가방을 들고 명품 신발을 신었다. 또 방학이 되면 미국이나 유럽에 배낭여행을 가곤 했다. 금전적으로 여유 있는 친구들과 어울리고 싶어도, 노는 물이 달랐다. 가는 곳, 먹는 음식 등 사소한 부분도 하나같이 수준이 높았다. 나는 자연스레 나와 비슷한 수준의 친구들, 즉 버스를 타고 지하상가 옷을 입고 다니는 친구들과 어울렸다.

대학교 1학년을 마치고 해병대에 입대했다. 입대하면서 전역할 때까지 악착같이 돈을 모아 나이키 신발, 노스페이스 패딩, 명품 시계로 치장해 멋지게 복학하겠다는 계획을 세웠다. 목표한 바를 이루기 위해 군대 월급을 열심히 모았다. 내가 입대한 2006년에는 병사 월급이 이병 54,300원, 일병 58,800원, 상병 65,000원, 병장 72,000원이었다. 적은 월급이었지만 2년간 열심히 모아 100만 원을 저축하고 전역했다. 이 돈으로 가난했던 대학교 1학년 시절의 기억을 지우고, 변화된 모습을 보여주고 싶었다. 하지만 복학 후 한 학기가 채 지나지도 않았는데, 식비와 차비로 군대에서 모은 돈을 다 썼다.

2008년 미국 '서브프라임 모기지 사태'라는 경제 위기가 발생했다. 당시 아버지는 중국에서 사업을 하고 있었는데, 글로벌 금융 위기로 갑작스러운 부도를 맞이했다. 사람들은 사업을 하면 돈을 많이 번다고 생각하지만, 아버지는 생활비로 매달 200만 원만 어머니에게 보내왔다. 지금 생각하면 말도 안 될 만큼 적은 금액이지만, 어머니는 그 돈으로 어떻게든 지혜롭게 누나와 나를 키우며 생계를 꾸려나갔다.

그러나 엎친 데 덮친 격으로 부도에 이어 아버지가 지인에게 보증 선 일까지 잘못되면서 큰 빚을 지게 됐다. 끝내 아버지는 중국의 공장과 기계를 급하게 정리한 뒤, 빈털터리로 쫓기듯 한국으로 왔다. 지금껏 아버지의 외벌이로 네 식구가 먹고살았는데, 사업이

망한 터에 집에는 돈 버는 사람이 아무도 없었다. 대학생이던 누나와 나는 빈털터리로 학교를 다녀야 했다.

대학교 3학년 때는 3,000원짜리 학식 사 먹을 형편이 되지 않아 매점에서 700원짜리 빵으로 끼니를 때웠다. 그 모습을 보여주기 싫어 화장실에 숨어 몰래 먹었다. 사방에서 대·소변 해결하는 소리가 들렸지만, 동기들에게 들키는 것보다 낫다고 생각했다. 집에서 삶은 달걀을 준비해 가기도 했다. 그리고 빈 강의실을 찾아 몰래 까먹었다. 동기들이 같이 점심 먹으러 가자고 하면 이런저런 핑계를 대며 피했다. 내 지갑엔 고작 1,000원짜리 3~4장이 전부였기 때문이다.

비참하고 초라할 때가 그뿐이었으랴. 지금의 아내이자 당시 여자 친구 생일 선물을 준비하고 싶은데 돈이 없었다. 여자 친구에게 사실대로 말하자니 창피하고, 그렇다고 생일에 안 만날 수도 없는 노릇이었다. 빈 지갑을 붙들고 "하나님, 제발 이 지갑에 10만 원만 넣어주세요."라며 두 눈이 퉁퉁 붓도록 울었다.

더는 빈곤한 삶을 살기 싫었다. 가난을 탈출하기로 마음먹고 내 노동력을 갈아 넣기로 했다. 그때 눈에 들어온 것이 대학병원에 피를 파는 것이었다. 헌혈의 집에서 헌혈하면 문화상품권 3,000원이나 영화 할인권을 받을 수 있었지만 나는 현금이 필요했다.

100mL에 1만 원을 받고 팔았다. 400mL만큼 피를 뽑으면 4만 원을 받았다. 불법인 걸 알았지만 먹고살기 위한 몸부림이었다. 그 돈으로 교통비와 식비를 해결했다.

틈틈이 막노동도 했다. 새벽 5시에 일어나 첫 버스를 타고 인력 사무소로 갔다. 1시간을 기다려 조 편성을 받고 승합차에 오르면 공사 현장에 내려줬다. 현장에 도착하면 조식으로 빵과 우유를 먹고 일을 시작했다. 나는 기술이 없었기에 벽돌 나르기나 청소하는 일을 맡았다. 여름에는 비 오듯 흐르는 땀에 눈 뜨기도 힘들었다. 일을 마치고 오후 5시 인력사무소에 도착하면 옷에 소금기가 가득했다. 그렇게 온종일 흘린 땀의 대가는 7만 원이었다. 그중 1만 원은 인력사무소에서 수수료로 떼갔기에, 6만 원을 받아들고 집으로 돌아갔다. 그 돈으로 교통비와 식비를 해결했다.

명절에는 고향에 가지 않고 아르바이트를 했다. 여러 아르바이트 중 군밤 파는 일이 일당이 세다는 이야기를 듣고 지원했다. 군밤 장수 사장님 왈, 명절은 이동하는 차량이 많아 1년 중 최고 성수기라며, 교통 체증이 심하고 신호가 긴 도롯가에서 장사하면 매출이 많이 나온다고 했다. 사장님은 중국산 밤을 기계에 넣어 노릇노릇하게 구워 20개씩 종이봉투에 담았다. 그리고 군밤 담은 봉투를 들고 다니며, 신호를 기다리는 사람들에게 팔았다. 평소 저런 걸 누가 사 먹을까 싶었는데 생각보다 많은 사람이 사 먹었다. 사장님과 나는 2인 1조로 행동 개시를 했다. 방식은 이랬다.

① 내가 먼저 신호 대기 중인 차량의 운전자 쪽 창문을 두드린다.
② 운전자가 창문을 내린다.
③ 재빨리 차에 탄 인원을 눈으로 세어 사람 수만큼 맛보기 군밤을 나눠준다.
④ 다음 차로 이동해 똑같이 맛보기 군밤을 제공한다.
⑤ 사람들이 군밤을 음미할 무렵 사장님이 밤을 든 소쿠리를 들고 등장한다.

기대 이상으로 많은 사람이 사 먹었다. 모두 달콤한 군밤을 입에 물고 있을 때라 밤 소쿠리를 보면 더 먹고 싶어지는 욕구를 겨냥한 것이었다. 여기저기서 구매하겠다며 손을 흔들었다. 그 타이밍을 놓치지 않고 정차된 차량 사이를 뛰어다니며 군밤을 팔았다. 한 봉지에 5,000원이었는데, 신호 한 번 받을 때마다 8~10개씩 팔렸다. 비록 노점상이지만 판매 전략이 있음을 알았다. 그때가 추석이었는데 3일째 되는 날, 비가 억수같이 쏟아졌다. 장사를 할 수 있을까 싶었지만, 사장님은 다이소에서 구매한 비옷을 하나 주며 "오늘도 잘 부탁한다."고 했다. 온종일 비를 맞으며 신호 대기 중인 차량 사이를 종횡무진 뛰어다녔다. 그렇게 군밤 사장님과 나는 3일 동안 약 700만 원의 매출을 올렸다. 나는 일당 8만 원으로 계산해서 총 24만 원을 받았다. 고생 많았다며 1만 원 더 올려 받은 금액이었다. 그 돈은 고스란히 식비와 교통비가 됐다.

가구 나르는 아르바이트도 했다. 울산 H자동차 사무실에 책상과 의자를 배달하고 설치했다. 가구 배달 팀장인 형과 친구, 3명이 한 팀이 되어 일했다. 이 아르바이트는 기존에 했던 것과는 차원이 달랐다. 무거운 책상, 의자, 파티션을 사다리차로 옮긴 후 사무실마다 설치했다. 무거운 걸 들어 올렸다 놓기를 반복하다 보니 손가락에 힘이 들어가지 않았다. 허리도 끊어질 듯 아팠다. 하지만 중도에 포기하면 일당을 못 받을 것 같아 이를 악물고 해가 저물 때까지 일했다. 너무 힘들어서 땅바닥에 드러눕고 싶은 심정이었다. 일을 마치고 저녁을 먹기 위해 국밥집으로 갔다. 팀장인 형은 막노동이 힘들긴 해도 벌이는 괜찮다고 말했다. 그런데 밥을 먹고 계산하는 형의 지갑을 우연히 보고 놀랐다. 형체를 알아보기 힘들 만큼 낡아 있었다. '이토록 힘든 일을 매일 하는데 왜 저런 지갑을 들고 다닐까?' 하는 생각을 했다. 그리고 그날 일당으로 10만 원을 받았다. 이 역시 식비와 교통비에 들어갔다.

나는 흡연을 하지 않지만, 돈을 벌기 위해 담배 회사에서 인턴으로 일했다. 담배 신상품이 나오면 길거리를 돌아다니며 설문지와 함께 흡연자의 피드백을 받았다. 그리고 부산의 번화가 편의점에서 카운터를 보며, 외국산 담배를 사러 온 손님에게 국산 담배를 권했다. 하루에 몇 명이 국산 담배로 바꿨는지 체크해 팀장에게 보고했다. 이런 일을 하고 받은 월급은 40만 원이었다. 그 또한 식비와 교통비를 해결하는 데 썼다.

　　대학 다니는 동안 누구보다 열심히 살았다. 하지만 식비와 교통비로 땀 흘려 번 돈을 다 썼다. 졸업할 때는, 모아놓은 돈은 고사하고 학자금 대출을 받은 빚만 남아 있었다. 학창 시절부터 대학 졸업까지 내 인생은 줄곧 하향곡선을 그리며 내리막길을 가고 있었다.

02

월급 190만 원
직장인의 현실

대학 졸업을 앞두고 40군데 넘는 회사에 입사지원서를 냈다. 최소한 군데는 합격할 줄 알았는데, 서류전형에서 100% 다 떨어졌다. 지방대 출신, 낮은 학점, 백지 상태의 자격증과 공모전 수상. 아무것도 내세울 게 없는 스펙이었다. 교환학생으로 필리핀과 미국에 갈 기회가 있었지만, 돈이 없어 포기해야 했다. 방학 땐 돈 번다고 영어학원도 제대로 다니지 못했다. 무슨 경험을 하려면 돈이 필요했지만 난 돈이 없었다.

대학교 4학년 2학기 버스를 타고 집에 오는 길에 우연히 부산상공회의소에서 청년 취업을 소개해준다는 홍보 현수막을 봤다. 휴대폰으로 홈페이지에 접속해서 보니, 부산상공회의소와 연계된 중소기업이 몇 군데 소개돼 있었다. 어떤 회사인지 알아보지도 않고 무작정 지원서를 냈다. 그리고 며칠 후 한 회사로부터 연락이 왔다. 지역도 안 보고 지원서를 냈는데, 경기도 화성에 위치한 반도체 부품회사였다.

경기도까지 버스를 타고 가려면 차비가 있어야 하는데 돈이 없었다. 면접 보러 가는 전날 저녁까지 고민했다. 갈지 말지 한참 고민하고 있는데, 어머니께서 10만 원을 쥐여주며 갔다 오라고 했다. 합격할지 안 할지도 모르는데 괜히 10만 원이라는 거금을 날리는 건 아닌지 걱정이 앞섰지만 일단 연습이라도 한번 해보자는 마음으로 면접을 보러 갔다.

생애 처음 보는 면접이라 긴장됐다. 면접관은 3명이었고, 나 외에 면접 보러 온 사람이 한 명 더 있었다. 그런데 그 사람에게서 이상한 냄새가 났다. 술 냄새였다. 면접실에 들어가자마자 면접관 중한 분이 나와 함께 들어간 사람에게 술을 마셨냐고 물었다. 그는 아침까지 친구와 술자리를 가졌다고 했다. 그 사람 덕분에 상대적으로 멀쩡해 보였던 내가 아무런 스펙 없이 합격했다. 그때 나는, 취업이 계기가 되어 그럴싸한 미래가 펼쳐지리라고 철석같이 믿었다.

큰 기대와 함께 짐을 챙겨 회사 기숙사로 갔다. 지긋지긋한 대학 생활을 끝내고 드디어 돈 버는 직장인이 됐다. 회사 규모는 20명 정도 되는 중소기업으로, 반도체 부품을 판매하는 영업 조직이었다. 나는 기술영업팀에 배정받았다. 수습 기간 3개월 동안 월급의 80%인 150만 원을 받았다. 당시 부모님 집에 빚이 있어 매달 이자로 70만 원씩 내고 있었다. 벌이가 없는 부모님을 위해 월급을 받으면 매달 100만 원씩 보내드렸다.

3개월의 수습 기간이 끝나고 월급은 190만 원으로 올랐다. 아르바이트로 벌었던 일당보다 훨씬 크게 느껴졌다. 하지만 월급의 기쁨도 잠시, 부모님께 보내는 이자와 용돈, 생활비, 교통비, 통신료, 보험료, 십일조를 내니 수중에 남는 돈이 없었다. 학생 때는 벌이가 적어 돈이 없다고 생각했는데 회사를 다녀도 돈이 없는 건 마찬가지였다.

학창 시절 정장 입고 출근하는 직장인이 멋있어 보였다. 한편으로 아침마다 바쁘게 움직이는 직장인의 삶이 궁금하기도 했다. '회사 다니는 사람은 무슨 일을 할까?', '저렇게 할 일이 많을까?', '월급 받으면 어디에 돈을 쓸까?' 등 궁금한 점이 많았다. 하지만 막상 직장 생활을 해보니 특별한 것이 없었다. 그냥 돈의 노예가 되어 카드 값을 갚기 위해 마지못해 일하는 월급쟁이가 됐을 뿐이었다.

내가 소속된 영업팀 팀장은 나보다 10살이 많았다. 어느 날 본인의 급여명세서를 보여주며 10년 후 내 월급이라고 말했다. 팀장의 급여명세서에는 세금 떼고 받은 실수령액이 308만 원이라고 적혀 있었다. 그 숫자를 보고 충격을 받았다. 당시 팀장 나이가 37세였다. 나는 30대 후반쯤 되면 월급이 최소 500만 원은 넘을 줄 알았다. 아무리 중소기업이라고 해도 직장 생활을 10년 넘게 했는데 월급 300만 원은 너무 적어 보였다.

아침 9시부터 저녁 6시까지 10년 일해서 받는 월급이 고작 300만 원이라니……. 300만 원 중 50%를 저축하면 1년에 1,800만 원. 10년 저축하면 1억 8,000만 원이 된다. 10년 저축해도 집 한 채 사기 힘들다는 계산이 나왔다. 대기업에 이직할 실력은 안 되고, 먹고 살려면 회사는 다녀야 하는데 아무리 생각해도 미래가 보이지 않았다. 며칠 고민하다 결론을 내렸다. 미친 듯이 일해서 최연소 임원이 되기로.

출근은 오전 9시까지였지만 2시간 일찍 출근했다. 회사에 제일 먼저 출근해 문을 열고 경제신문과 책을 읽었다. 그리고 그날 해야 할 일을 노트에 적었다. 매일 밤 9시를 넘겨 퇴근했다. 내가 담당한 고객은 파주에 있는 LG디스플레이였다. 1주일에 3일 이상 파주에 상주하며 담당자를 만나 영업했다. 술을 마시지 않아 접대는 할 수 없었지만, 회사 내에서 커피를 마시며 친분을 쌓았다. 어느 정도 관계를 만들고 본격적으로 경쟁사 제품을 우리 회사 제품으로 바꾸는 작업을 했다.

1년 동안 열심히 영업한 결과 매출이 많이 늘어 연말 최우수 영업사원으로 선정됐다. 회사에 기여한 매출은 연 14억 원이 넘었다. 최우수사원으로 100만 원의 보너스를 받았다. 회사에 벌어다 준 돈에 비하면 터무니없이 적은 금액이었다. 그래도 100만 원이라는 공돈이 생겨 기분은 좋았다.

최연소 임원이라는 꿈을 가지고 열심히 일한 결과 1년 만에 주임으로 승진했다. 그러나 대리, 과장, 차장, 부장. 임원까지 가야 할 길이 멀었다. 최소 15년은 일해야 임원이 될 것 같았고, 한편으로 임원이 돼도 돈을 많이 못 벌 수도 있을 것 같은 불안감이 들었다. 아침 7시부터 밤 9시까지 일하고 주말도 반납했지만, 내가 쏟은 시간에 비해 회사에서 금전적으로 보상해주는 것은 없었다.

달랑 600만 원으로 준비한 결혼식

대학 때 만났던 여자 친구와 만남을 유지하고 있었다. 취업하면서 자연스럽게 부산에 있는 여자 친구와의 장거리 연애가 시작됐다. 어느 날 여자 친구가 자기 아버지가 나를 한번 보고 싶어 한다고 했다. 장거리 연애하는 딸을 보며 빨리 결혼시키는 게 좋을 것 같다고 생각하신 것 같았다.

5년 동안 여자 친구와 만났지만, 여자 친구 아버지께 정식으로 인사한 적은 한번도 없었다. 2012년 12월 24일 크리스마스이브에 부산으로 내려갔다. 떨리는 마음으로 여자 친구 집 앞의 호프집에서 지금의 장인어른을 만났다. 여자 친구 아버지는 만나자마자 호

구조사부터 했다.

"아버지는 뭐 하시노?"
"대학교는 어디 나왔노?"
"전공은 뭐였노?"
"어느 회사 다니노??"
"월급은 얼마 받노?"

첫 질문부터 대답하기 난감했다. 아버지는 사업이 부도가 난 후, 내가 일했던 인력사무소에서 일용직으로 하루하루 보내고 있었다. 초면부터 아버지가 막노동 한다는 말을 하자니 차마 입이 떨어지지 않았다. 그래서 건설 현장에서 일한다고 둘러댔다. 다행히 더 꼬치꼬치 캐묻진 않으셨다. 나머지 질문은 있는 대로 대답했다.

대화하던 중 여자 친구 아버지께서 결혼 자금으로 얼마 모았는지 물어봤다. 취업한 지 1년밖에 되지 않아 600만 원이 전 재산이었다. 사실대로 말할지, 아니면 과장해서 말할지 잠시 고민하다 솔직히 말씀드렸다. 집안 사정이 좋지 않아 부모님 빚을 갚느라 돈을 모으지 못했다고 했다. 당시 여자 친구 아버지와의 대화다.

여자 친구 아버지: 결혼 자금으로 얼마 모았노?
나: 600만 원 정도 모았습니다.

여자 친구 아버지: 그 돈으로 신혼집은 우째 구하노?

나: 원룸에서 시작하려고 합니다.

여자 친구 아버지: 원룸? 그럼 결혼 못 시킨다.

나: 죄송합니다. 그럼 투룸에서 시작하겠습니다.

여자 친구 아버지: 지금 내랑 장난하나?

나: 죄송합니다. 그럼 제가 어떻게 하면 되겠습니까?

여자 친구 아버지: 처음부터 힘들게 시작하면 계속 힘들게 산다. 신혼집은 아파트로 알아봐라.

나: 네…….

여자 친구 아버지 심정이 충분히 이해됐다. 귀하게 키운 딸을 결혼시키는데, 원룸에서 시작한다고 하니 얼마나 어이가 없었을까. 그렇다고 학벌이 좋거나 대기업을 다니는 것도 아니고, 중소기업에서 월급 190만 원 받는 놈에게 딸을 주기 쉽지 않았을 것이다. 어떤 부모라도 그랬을 것이다. 여자 친구 아버지도 결혼 초기, 경제적으로 힘들었던 경험이 있어서 해준 조언이었다.

아파트를 구해오면 결혼을 시켜주겠다는 조건으로 결혼 승낙을 받았다. 회사 기숙사에 돌아와 부동산 앱을 설치하고 경기도 아파트 시세를 알아봤다. 아무리 찾아봐도 내가 가진 600만 원으로 갈 수 있는 아파트는 없었다. 월세를 살자니 내 월급으로는 답이 없었다.

결혼 날짜를 잡고 5개월 동안 경기도 일대를 이 잡듯이 뒤졌다. 그러다 우연히 수원에 30년 넘은 주공아파트가 시세보다 저렴하게 나왔다는 연락을 받았다. 집을 보러 공인중개사무실로 갔는데, 네팔에서 온 외국인 노동자가 3명 있었다. 그렇게 한국인지 네팔인지 모를 동네로 집을 보러 갔다. 전세금은 6,000만 원이었다. 계약금으로 전 재산 600만 원을 입금했다. 그리고 남은 5,400만 원 중 4,000만 원을 은행에서 대출받고, 나머지는 여자 친구 돈과 잔금 치르는 날까지 받은 월급으로 해결했다.

　　결혼을 준비하며 여자 친구와 껴안고 참 많이도 울었다. 여자 친구는 어떻게 이렇게 없는 남자를 만나 마음고생하는지 모르겠다고 울고, 나는 돈 없는 현실이 괴로워 울었다. 직장만 다니면 돈 문제를 모두 해결할 수 있을 줄 알았는데 아니었다. 난 계속 하향곡선을 그리며 내리막길을 가고 있었다.

04

돈, 인생의 대부분이다

가난한 학창 시절을 보내고 600만 원으로 결혼 준비를 하며 돈이 점점 싫어졌다. 유튜브나 SNS에서 부자가 된 사람을 보면 "저 사람은 어떻게 돈을 벌었을까?" 하는 궁금증과 함께, 사기와 비리 등 불법적으로 벌어들인 돈이라 생각했다. 부자는 돈 버는 데 미쳐서 가정은 내팽개치고, 자녀와 놀아주지도 않고, 매일같이 술 먹고 도박하는 파렴치한 인간일 거라 단정했다. 또 부자는 늘 "돈돈"거리며 모든 걸 돈으로 생각하고, 돈보다 소중한 걸 놓치는 불쌍한 사람이라 여겼다. 내가 돈이 없으니 가진 사람을 시기 질투했다. 나만큼은 돈 없이 행복하게 잘 살 수 있을 것 같았다. 세상 모든 사람에게 돈이 인생의 전부는 아니라고 증명해 보이고 싶기도 했다.

어느 날 우연히 독서 모임에 참석했다. 모임을 진행하는 사회자가 옆 사람과 짝을 지어 지금까지 살아오면서 느낀 인생의 교훈을 한 가지씩 말해보라고 했다. 내 옆에 앉은 사람은 50대 후반의 아저씨였다. 그분과 짝이 되어 대화를 이어나가던 중, 그가 살면서 느낀 인생 교훈이 "돈이 인생의 전부는 아니다."라고 했다. 멋있었다. 내가 평소 생각하던 가치관과 비슷했다. 이유가 궁금해서 왜 그런 생각을 하게 됐는지 여쭤봤다. 그분 왈, "살아보니 돈이 인생의 전부는 아닙니다. 대부분일 뿐입니다."라고 했다. 그 말을 들은 순간 멍해졌다. 본인이 60년 가까이 인생을 살며 여러 우여곡절을 겪었는데, 그 이유가 대부분 돈 때문이라고 했다. 돈이 있으면 간단하게 해결될 일도 돈이 없어 어떤 일이라도 해야만 했고, 다시 문제가 생기면 돈을 벌기 위해 일을 해야 했다고 했다. 이 악순환을 반복하다 보니 어느새 몸과 마음은 피폐해졌고, 나이만 들었다고 했다. 부부싸움도 언뜻 보기에는 돈이 아닌 다른 문제인 것 같지만 실상은 대부분 돈 때문이라고 했다. 인간관계가 틀어지는 이유도 돈이라고 했다. 돈이 싫어도 그 싫은 돈을 벌기 위해 자신의 시간과 에너지를 모조리 쏟으면서 살았다고 했다. 이야기를 듣는데 마음이 아팠다. 얼마나 고생하셨을까 하는 공감과 함께 나도 나이가 들어서 저런 이야기를 하는 건 아닐까 걱정됐다.

돈이 없다고 불행한 건 아니다. 하지만, 무언가를 할 때 선택지가 극도로 줄어드는 건 명백한 사실이다.

돈이 없으면 무엇을 선택할 때 득이 될지 실이 될지 고민하기보다 내 주머니 사정에 따라 결정한다. 음식을 먹을 때, 여행을 갈 때, 사람을 만날 때, 철저히 돈의 기준에 맞춰 생각한다. 인터넷으로 물건 하나 구매하더라도 항상 최저가를 찾는다. 3,000원짜리 쿠폰을 받기 위해 복잡한 회원가입도 마다하지 않는다. 결제할 때 쿠폰 적용이 안 되면 다시 결제한다. 여러 복잡한 절차를 거쳐 3,000원 할인을 받으면 기뻐한다. 이 할인쿠폰을 받기 위해 30분을 할애했지만 절약했다는 기쁨이 크다. 최저 임금을 시간당 1만 원이라고 하면, 3,000원 할인쿠폰을 받기 위해 30분을 썼으니 손해 본 장사다. 하지만 그런 계산은 안중에도 없다. 돈이 없으면 그 돈을 위해 내 소중한 시간을 쓸 수밖에 없다.

돈이 인생의 전부는 아니지만, 대부분이라고는 말할 수 있다. 따지고 보면, 평범한 사람들의 걱정과 고민은 대부분 돈에서 출발한다. 식당에서 밥을 먹을 때, 카페에서 커피를 마실 때 등 언제 어디서나 가격을 생각한다. 또 명절에 부모님께 용돈을 얼마나 드릴지 고민한다. 중국집에 가면 탕수육을 시킬지 말지 고민하며, 먹는다면 '소'를 먹을지 '중'을 먹을지 고민한다. 삼겹살을 먹으러 가면 1인분 더 먹을지, 아니면 된장찌개와 밥으로 배를 채울지 고민한다. 이 모든 고민은 결국 돈이다.

나이가 들수록 돈의 중요성에 대해 더 잘 알게 된다. 돈을 좋아하든 싫어하든 상관없이 사람들이 결정하는 가장 큰 기준은 돈이다. 직장인은 출근하기 싫어도, 적성에 안 맞아도, 상사가 싫어도 돈을 벌기 위해 인내하며 다닌다. 우스갯소리로 들릴지는 모르겠지만 상사가 제일 무서워하는 후배는 회사를 취미로 다니는 금수저라고 한다. 그들은 금전적으로 풍족하니 회사에서 잘릴까 봐 걱정도 하지 않을뿐더러, 경우에 따라서는 제 멋대로 행동하기 때문이다.

나도 그런 사람들처럼 회사 생활을 하고 싶었지만, 현실은 월급 없인 한 달도 살 수 없는 월급쟁이였다. 실적이 안 좋아 회사에서 잘릴까 전전긍긍하고, 불합리한 일을 시켜도 무조건 할 수밖에 없었다. 월급이 유일한 내 목숨줄이었으니까.

2

가난의 늪에서
발버둥 치다

01

—

개미는 어쩔 수 없는
개미였다

직장인이 합법적으로 돈 벌 수 있는 재테크로 주식, 부동산, 코인 등이 있다. 회사에 입사하니 동료들과 선배들이 점심시간마다 주식 이야기를 했다. 증권회사 친구에게 종목을 추천받았는데 상한가를 갔다느니, 오늘 하루 만에 100만 원을 벌었다느니 하는 이야기를 자주 들었다. 그때까지 주식은 절대 하면 안 되는 건 줄 알았다. 어릴 때부터 부모님께서 주식과 도박은 패가망신으로 가는 지름길이니 죽을 때까지 하면 안 된다고 교육받았다.

주식이 위험한 건 알았지만, 월급 190만 원 받는 내겐 절대적으로 추가 수입이 필요했다. 큰돈은 아니더라도 주식으로 매달 생활비 정도만 벌면 좋을 것 같았다. 생활비를 벌겠다는 일념으로 점심시간을 이용해 가까운 증권사에서 계좌를 개설했다. 그리고 주식이라는 걸 시작했다.

내가 처음 매수한 종목은 '기아자동차'였다. 기아자동차를 매수한 이유는 회사에서 영업사원에게 제공해준 차가 프라이드였기 때문이다. 기아자동차에 대해 아는 거 하나 없이 단순히 내가 타는 차의 제조사가 기아자동차라는 이유만으로 매수했다. 가지고 있는 여윳돈 100만 원을 모두 투자했다.

투자를 시작하고 없던 습관이 하나 생겼다. 틈만 나면, 아니 시도 때도 없이 주가를 확인했다. 시세를 본다고 올라가는 건 아니지만 투자금이 들어가니 계속 신경이 쓰였다. 한 달 정도 투자했는데 원금이 적다 보니 변동 폭이 좁았다. 그래서 다음 달 월급을 받고 100만 원을 추가로 매수했다. 투자금이 200만 원은 돼야 한 달 생활비 30만 원은 벌 수 있을 것 같았다.

200만 원은 월급보다 많은 돈이었다. 투자금이 커지니 운전하면서, 미팅하면서, 교육받으면서, 일하면서 1분에 한 번씩 시세를 확인했다. 빨간 기둥이 보이면 종일 기분이 좋고, 반대로 파란 기둥이 보이면 종일 기분이 안 좋았다. 나만 그런 것이 아니었다. 주식을 하는 동료들도 화장실 갈 때, 엘리베이터 안에서, 점심시간에, 업무 중에……. 수시로 시세를 확인했다. 간 큰 선배는 대놓고 회사 컴퓨터에 주식 창을 띄워놓고 매매를 했다.

어느 날 후배 한 명이 자기 친구가 증권회사에 다니는데 '아이리버'라는 종목이 3일 내에 무조건 상한가를 간다고 했다. 반신반의했지만 만약 안 샀는데 상한가를 가면 후회할 것 같아 기아자동차를 매도하고 아이리버 100만 원어치를 매수했다. 신기하게 다음 날 바로 상한가를 갔다. 투자금이 적어 상한가를 가도 수익은 크지 않았다. 후배는 그날 회사에서 영웅이 됐다. 며칠 후 새로운 찌라시를 받아 회사 직원들에게 공유했다. 처음 들어본 소형주였지만 그 후배를 믿고 200만 원을 투자했다. 다음날 10% 이상 하락했다. 후배는 아이리버의 기쁨도 잠시 선배들로부터 엄청난 욕을 먹었다.

짧은 시간 주식을 하며 몇 가지 깨달은 사실이 있다.

첫째, 주식으로 단기간에 돈 버는 건 불가능에 가깝다. 내가 산 주식이 내일 오를지 내릴지 맞히는 건, 동전을 던져 앞면이 나올지 뒷면이 나올지 맞히는 것처럼 운의 영역이었다. 장기적으로 우상향한다는 믿음으로 적립식으로 투자하면 어느 정도 수익은 날 것 같았다. 하지만 단기간에 엄청난 고수익을 노리는 건 전문가의 영역이지 평범한 직장인이 할 수 있는 수준은 아니었다. 1년 만에

10배 이상의 수익을 내는 종목을 찾는 건 도박과 같았다. 돈을 빨리 벌고 싶은 마음에 조급해지니 계속 극단적인 선택을 하는 것 같았다.

둘째, 개미는 어쩔 수 없는 개미였다. 투자 금액이 적은 상태에서 수익률이 아무리 높아도 벌 수 있는 돈은 한계가 있었다. 가끔 책이나 유튜브를 통해 종잣돈 몇백만 원으로 몇억 원을 벌었다는 이야기를 들을 때가 있다. 그들이 투자한 기간은 한두 달이 아닌 최소 3년 이상이었다. 긴 호흡으로 장기간 꾸준히 좋은 성과를 내야 가능한 일이었다. 개미가 가진 푼돈으로는 투자를 아무리 잘해도 큰돈을 벌기는 어려웠다. 예를 들어 200만 원을 투자해 다음 날 상한가를 가면 260만 원이 된다. 운 좋게 다음 날도 상한가를 가면 338만 원이 된다. 다시 상한가를 가면 440만 원, 또 상한가를 가면 570만 원. 거기서 상한가 한 번 더 가면 741만 원이 된다. 확률적으로 상한가 5번은 쉽지 않지만, 그래봤자 200만 원이 741만 원밖에 되지 않는다. 541만 원의 시세 차익이 누군가에게는 크게 느껴질 수도 있지만, 직장인의 삶이 바뀔 정도의 금액은 아니다. 차 한 대 살 수 없을 만큼 적은 돈이다. 단기간에 푼돈을 투자해 집 한 채 살 만한 돈을 버는 건 불가능에 가깝다.

셋째, 업무에 집중이 안 된다. 피 같은 돈을 투자했으니 신경이 많이 쓰였다. 아침 9시 주식 장이 열리면 수시로 시세를 확인했다.

퇴근 후에도 주식 카페에 들어가 사람들이 하는 이야기를 읽고 확인하는 데 시간을 소모했다. 그뿐만 아니다. 매일 유튜브로 매수한 종목에 대한 이슈를 확인했다. 본업에서 성과를 내고 몸값을 높여야 하는데, 주식에서 성과를 내려고 하니 본업에도 지장이 생겼다. 지능이 높은 사람은 멀티태스킹이 가능하지만, 나 같은 사람은 한 가지 일밖에 하지 못한다는 사실을 그제야 알아차렸다.

주식 투자에 회의감이 들 때쯤 지인이 외국계 회사에 자리가 났다며 지원해보라고 했다. 다니고 있는 회사보다 연봉이 1,200만 원 더 높았다. 외국계 회사라 영어를 잘해야 한다고 했지만, 자기소개는 외우면 될 거라 생각하고 입사지원서를 냈다. 다행히 서류 전형에 합격했고 면접을 봤다. 면접관은 영어를 잘하는지 물어봤고, 나는 하고 싶은 말은 영어로 표현할 수 있다고 당당하게 대답했다. 그렇게 최종 합격해 외국계 회사로 이직했다.

월급은 국내 회사보다 100만 원 더 많았다. 월급이 오르면 살림살이가 나아질 줄 알았지만, 첫 아이가 태어나며 지출이 늘었다. 그리고 신혼집 전세 기간이 만료돼 이사를 해야 했다. 때마침 부산 사무실에 자리가 나서 부산으로 발령받았다. 고향에 돌아간다는 기쁨도 잠시, 이사와 외벌이로 경제적으로는 더 힘들어졌다.

02
—
코인으로
인생 역전을 꿈꾸다

주식으로는 단기간에 큰돈을 벌기 힘들다는 걸 깨닫고 다른 투자를 찾고 있었다. 그때 '비트코인'을 알게 됐다. 2017년에는 비트코인을 알고 있는 사람이 많지 않았다. 몇몇 투자자만 투자하고 있었다. 신문에서는 실체도 없는 가상화폐가 1개당 100만 원이나 한다며 말도 안 되는 사기라고 했다. 또 17세기 네덜란드에서 발생한 튤립 버블처럼 비트코인도 곧 0원이 될 거라고 말했다.

그러나 현실은 달랐다. 2017년 1월, 80만 원이었던 비트코인은 같은 해 12월에 2,000만 원까지 올랐다. 주식과 비교할 수 없을 만큼 변동성이 컸다. 대한민국에서 1년에 2,500% 수익률을 만들어주는 투자가 또 있을까? 엄청난 수익률을 보고 관심을 두기 시작했다. 내가 만약 2017년 1월에 1,000만 원을 비트코인에 투자했다면 12월에 2억 5,000만 원이 될 수 있었다. 투자금이 적은 내게 비트코인은 매력적으로 다가왔고, 당연히 하지 않을 이유가 없어 보였다.

즉시 코인을 거래할 수 있는 거래소에 가입했다. 그리고 잠들기 전 비트코인 10만 원어치를 매수했다. 아침에 일어나서 잔고를 확인하니 11만 원이 되어 있었다. 자는 동안 10%라는 수익이 생긴 것이다. 은행 이자 연 1~2%와 비교하면, 잠자는 6시간 동안 일어난 10% 수익률이 엄청나게 다가왔다. 그리고 처음에는 1만 원을 벌어서 기분이 좋았지만, 갑자기 내가 한심스러워졌다. 100만 원 투자했더라면 10만 원을 벌 수 있었을 텐데 10만 원만 투자한 내가 쫄보 같았다.

주식에 있는 돈을 빼서 코인 200만 원어치를 매수했다. 어떤 코인을 샀는지 정확히 기억나지 않는다. 중요한 건 코인 이름이 아니라 수익률이었다. 그날도 자기 전 알트코인, 일명 잡코인을 매수했다. 다음 날 아침 일어나서 잔고를 확인하니 20%가 올라 있었다. 일도 안 하고 잠만 잤는데 하루 만에 40만 원을 벌었다.

가상화폐는 마치 황금알을 낳는 거위 같았다. 이틀 동안 41만 원을 벌고 자신감이 생겼다. 주식보다 가상화폐가 나와 잘 맞는 것 같았고, 투자만 잘하면 단기간에 큰돈을 벌 수 있을 것 같았다. 본격적인 코인 투자를 위해 가상화폐 관련 책을 몇 권 구매했다. 알면 알수록 코인의 가능성은 무궁무진해 보였다.

생각을 정리한 다음 아내에게 가상화폐에 대해 간단하게 설명해줬다. 돈을 넣으면 무조건 오르는 재테크이고, 사람들이 잘 모를 때 투자하면 큰돈을 벌 수 있다고 했다. 흙수저가 인생 역전을 할 수 있는 절호의 기회가 온 것 같은 확신이 생겼다. 그리고 마이너스통장을 만들어 1,000만 원만 투자하면 매일 월급 정도는 벌 수 있다고 아내를 설득했다.

아내는 내 의견에 동의해주지 않았다. 무조건 오르면 사람들이 다 하지 왜 너만 하냐고 말이 안 된다고 반박했다. 만약 떨어지면 어떻게 되는지도 물었다. 지금도 돈이 없어 힘든데 빚까지 생기면 더 힘들어지니 나중에 여유 생기면 그때 여윳돈으로 투자하는 것이 좋겠다고 했다.

그러나 내 생각은 달랐다. 코인만이 지긋지긋한 가난에서 해방시켜줄 수 있는 유일한 방법이라고 믿었다. 1년에 25배 오르는 투자라면 인생을 걸만했다. 또 2번이나 큰 수익을 봤기 때문에 확신에 차 있었다. 딱 1,000만 원만 투자하면 매달 200만 원은 쉽게 벌 수 있을 것 같았다. 하지만 아내는 끝까지 반대했다. 리스크 없는 은행에 차곡차곡 적금을 넣어 돈을 모아야 한다고 했다. 말도 안 되는 소리처럼 들렸다. 답답했다. 나는, 월급만 저축해서는 절대 가난을 벗어날 수 없다는 사실을 누구보다도 잘 알고 있었다. 대출을 받아 코인 투자를 잘만 하면 순식간에 1억 원 정도는 만들 자신이 있었다. 그 돈으로 집도 사고, 아이도 키우면 좋을 것 같았다. 아내를 계속 설득하면서 각종 코인 관련 카페에 가입하고 여러 오픈채팅방에도 들어갔다.

코인 종류는 수없이 많았다. 카페에 들어가니 본인이 투자한 코인만 좋고 나머지는 사기라고 서로 싸웠다. 네이버 밴드와 오픈채팅방에서 비상장 코인을 판매하는 사람도 있었다. 그들은 비상장 코인을 미리 매수해놓고 나중에 대형 거래소에 상장되면 팔아서 큰돈을 벌 수 있다고 했다. 여러 신문 기사와 백서를 보여주며 엄청난 코인이라며 홍보했다. 코인 개발자들의 화려한 이력과 경력도 보여줬다. 지금 비상장 코인을 미리 매수했다가 상장되면 최소 10배에서 50배를 벌 수 있다고 설명했다. 1,000만 원을 투자하면 단기간에 최소 1억 원이 될 수 있다는 말이었다. 눈앞에 돈이 보였지만 내겐 투자할 자금이 없었다. 그래서 나는 아내를 몇 달 동안 설득했다. "사람은 살면서 3번의 기회가 오는데, 지금이 우리에게 찾아온 첫 번째 기회인 것 같아. 언제까지 이렇게 지지리 궁상으로 살고 싶지 않아."라며 한 번만 믿어달라고 울부짖듯 아내를 설득했다. 아내도 지금 형편으로는 답이 없다는 걸 알고 마지못해

허락했다. 다음날 은행에 가서 직장인 마이너스통장을 만들고 본격적으로 코인 투자를 시작했다.

비트코인은 단기간에 너무 많이 올라 투자하기 부담스러웠다. 그래서 비상장 코인에 투자했다. 주식에 IPO(Initial Public Offering, 기업 공개)가 있다면, 코인에는 ICO(Initial Coin Offering, 가상화폐 공개)가 있었다. ICO란 백서를 공개한 후 신규 암호화폐를 발행해 투자자들로부터 사업 자금을 모집하는 방식이다. 즉, 해당 코인의 백서를 읽고 가능성이 있다고 판단하면, 미리 투자해서 상장되면 그만큼 시세 차익을 얻을 수 있는 투자 방법이었다.

비상장 코인을 판매하는 사람들은 어느 거래소에 얼마에 상장될지 자세한 정보를 나눠줬다. 100만 원만 투자해도 최소 1,000만 원에서 최대 1억 원을 벌 수 있다고 말했다. 이런 투자를 마다할 사람이 어디 있겠는가. 한편으로 의심되는 부분도 있었다. 그렇게 좋으면 본인만 알고 투자하면 되는데 왜 우리 같은 투자자를 모집하는지 이해가 안 됐지만, 생각이 많아지면 기회를 놓칠 것 같았다. 그래서 더 깊이 생각할 겨를도 없이 ICO에 참여하기 위해 비상장 코인을 판매하는 사람에게 이더리움을 전송했다. 그리고 유명하지 않은 생소한 코인을 받았다. 하나의 코인에 모든 돈을 투자하면 리스크가 클 것 같아 ICO를 진행하는 10개의 코인에 분산 투자했다. 투자금은 마이너스통장으로 1,500만 원가량 마련한 뒤, 내가 투자한 비상장 코인이 대형 거래소에 상장되는 날을 손꼽아 기다렸다. 그리고 드디어 상장하는 날이 됐다. 비상장 코인을 판매한 사람이 말한 대로 상장가는 내가 산 가격보다 약 10배 높게 설정돼 있었다. 상장된 가격으로 매도한다면 엄청난 돈을 벌 수 있을 것 같았다. 큰 기대를 안고 상장 시간을 기다리고 있는데 상장 직후 1초 만에 0.1원으로 떨어졌다. 내가 매도 버튼을 누르기도 전에 순식간에 일어난 일이었다. 코인 잔고에는 수익률이 -99.9%로 표시돼 있었다.

다른 투자자들이 나보다 빨리 매도해서 이런 결과가 초래한 것 같았다. 다음에는 조금 더 빨리 팔아야겠다고 다짐했다. 그리고 다음 코인이 상장되길 기다렸다. 그 코인도 마찬가지였다. 상장가는 높았지만 상장되면 순식간에 0원까지 떨어졌다. 내가 산 모든 코인이 똑같았다. 마이너스통장으로 1,500만 원을 투자했는데 2달 만에 모두 날아갔다. 돈만 잃은 것이 아니라 내 꿈과 희망도 날아갔다. 아무래도 사기를 당한 것 같았다. 1,500만 원이라는 돈이 만져보지도 못한 채, 100만 원도 안 되는 돈으로 쪼그라져 있었다.

문제는 이게 끝이 아니었다. 마이너스통장을 만들었더니 마치 내 돈 같았다. 부족한 생활비도 마이너스통장에서 빼서 사용하고, 가족과 여행도 다녔다. 생각 없이 쓰다 보니 어느새 한도까지 다 찼다. 그때부터 밤에 눈을 감으면 잠이 오지 않았다. 아내와 아이

를 재우고 책상에 앉아 어떻게 해야 마이너스통장을 갚을 수 있을
지 고민하며 밤을 지새웠다.

03
—
바닥 아래
지하가 기다리고 있었다

학창 시절부터 직장인이 되고 아빠가 된 순간까지 가난은 이어졌다. 부자는 아니더라도 여유 있게 살고 싶었다. 아니, 단 하루만이라도 돈 걱정 없이 잠자리에 들고 싶었다. 돈은 싫었지만 돈을 많이 벌고 싶었고, 부자는 싫었지만 부자가 되고 싶었다.

흙수저가 인생을 바꿀만한 게 무엇이 있을까 고민하던 찰나에 부자들은 책을 많이 읽는다는 신문 기사를 봤다. 이미 부자가 된 사람들이 쓴 책을 읽으면 간접적으로 그들의 생각과 경험을 배울 수 있을 것 같았다. 그때부터 가난을 벗어나기 위해 돈과 관련된 독서를 시작했다. 1주일에 1권, 1년에 60권 목표를 세웠다. 주식,

부동산, 재테크, 자기 계발 등 대부분 돈에 대한 책이었다. 독서를 통해 새로운 돌파구를 마련하고 싶었다. 그래서 토요일 아침 7시에 하는 독서 모임에도 나갔다.

그렇게 1년 동안 목표했던 60권을 다 읽었다. 많은 책을 읽은 만큼 대단한 미래가 펼쳐질 줄 알았다. 하지만 내 삶은 조금도 나아지지 않았다. 아무리 책을 읽어도 돈 없는 생활은 예전이나 지금이나 똑같았다. 주식 책을 읽었다고 수익률이 높아지는 것도 아니고, 부동산 책을 읽었다고 부동산 투자를 할 자금이 생기는 것도 아니었다.

자기 계발 책을 읽고 그대로 실천했지만, 변화는 없었다. 새벽 5시에 기상해서 거울을 보며 "난 할 수 있다!"를 외치고, 매일 3번씩 원하는 목표를 노트에 적었다. 꿈은, 적으면 이뤄진다는 말을 믿고 작은 메모지에 목표를 적은 다음 코팅해서 지갑에 넣고 다녔다. 부자들이 하는 방식을 그대로 따라 했다. 하지만 아무 일도 일어나지 않았다. 책과 현실은 달랐다. 1년 동안 발버둥 치면서 열심히 살았지만 남은 건 마이너스 계좌밖에 없었다. 자기 계발 강사와 작가는 모두 사기꾼 같았다.

엎친 데 덮친 격으로 계약한 전세 기간이 만료돼, 우리 가족은 더욱 오래된 집으로 이사를 했다. 아이는 커 가는데 집안 형편은 더 안 좋아지고 있었다. 대문이 닫히지 않는 집, 마을버스가 다니지 않는 집, 보일러가 고장 난 추운 집, 방충망이 찢어져 수십 마리의 모기에게 괴롭힘당하는 집에서 살았다. 또 하루가 다르게 오르는 집값으로 전세에서 월세로 갈 수밖에 없었다.

주식, 코인, 통장, 신용카드 모두 마이너스였다. 지긋지긋한 마이너스 인생을 탈출하고 싶어 안간힘을 썼지만, 상황은 더 악화될 뿐이었다. 바닥인 줄 알았는데 지하가 있었고, 지하인 줄 알았는데 더 깊은 지하가 기다리고 있었다.

월 1,000만 원
작가의 꿈을 꾸다

2018년 12월 회사 연말 행사가 있었다. 서울 롯데호텔 대강당을 빌려 다양한 행사를 했다. 첫 무대는 젊은 여성 작가의 특강이었다. 유튜브를 통해 유명인의 강의는 많이 들어봤지만, 눈앞에서 직접 듣는다고 생각하니 내심 기대됐다. 자신을 작가라고 소개한 그녀는 40분 동안 PPT 5장을 보여줬다. 모두 고양이 사진이었다. 강의에서 본인이 키우는 고양이를 한 마리씩 소개했으며, 글을 쓰고 강의를 하는 이유가 고양이를 키우는 데 필요한 돈을 벌기 위해서라고 했다. 작가라고 해서 책에 대한 이야기를 할 줄 알았는데 책은 단 1초도 언급하지 않았고, 처음부터 끝까지 고양이 이야기만 했다. 특강이 끝나자, 질문도 받지 않고 강사는 퇴장했다. 행사에 참

석한 직원들은 상황 파악이 되지 않아 박수도 치지 않고 멀뚱멀뚱 무대만 바라봤다. 연말 행사에 100명이 넘는 임직원을 모아 놓고 고양이 이야기만 한 그녀의 정체가 궁금했다. 그 어떤 교훈과 감동도 없었기 때문이다.

마침 강사를 섭외한 총무팀장이 내 옆자리에 앉아 있었다. 조금 전 퇴장한 강사의 강의료가 궁금해 물어보니 200만 원이 넘는다고 했다. 왜 저런 강사를 초청했는지 물어보니 얼마 전 〈세상을 바꾸는 시간, 15분〉에 출연한 데다 그녀가 활동하는 업계에서 유명하다고 했다. 검증된 강사를 초대하지 왜 저런 분을 초대했는지 물어보니 스타강사는 시간당 1,000만 원 이상을 줘야 한다고 했고, 회사 예산으로는 감당할 수 없어 다른 강사를 초대할 수밖에 없었다고 했다.

홧김에 총무팀장에게 내년 연말 행사에는 내가 특강을 할 테니 오늘 초대한 강사의 강사료 20%만 달라고 했고, 총무팀장은 일단 책부터 한 권 출간해 작가 타이틀을 달고 오면 허락해주겠다고 약속했다. 그날부터 책을 쓰기로 결심했다. 행사가 끝나고 부산으로 내려오는 기차에서 책 출간하는 방법을 찾아봤다. 마침 기성준이라는 작가가 부산에서 책 쓰기 수업을 하고 있었다. 늦은 시간이라 문자만 남겨 놓고, 다음 날 만났다. 책 쓰는 비용과 기간을 물어보니 7주 과정에 250만 원이라고 했다.

나도 고양이 이야기만 하고 간 작가처럼 책을 출간하고 작가가 되어 시간당 몇백만 원 받는 강사가 되고 싶었다. 비용이 부담스러웠지만, 변화가 필요하다는 생각에 6개월 할부로 결제했다. 책만 나오면 유명한 작가가 되어 삼성, LG와 같은 대기업에 특강을 하고, 시간당 1,000만 원 받는 강사가 될 수 있을 것 같았다. 그래서 한 달에 강의 1~2번만 하고 나머지 시간에는 내가 하고 싶은 걸 하며 경제적 자유를 누릴 상상을 했다.

그렇게 7주간의 책 쓰기 수업을 마치고 본격적으로 원고를 썼다. 어떤 주제로 쓸까 고민하다 결혼과 관련된 이야기를 쓰면 좋을 것 같았다. 남자와 여자, 결혼, 부부에 대한 책을 여러 권 구매해 읽었다. 관련 자료도 찾아봤다. 온라인으로 부부심리상담사 1급 자격증도 취득했다. 회사 일과 육아를 병행하면서 책을 쓰려고 하니 시간이 부족했고, 시간을 확보하기 위해 잠을 줄이기로 했다. 새벽 4시, 늦어도 5시에 일어나 매일 글을 썼다. 새벽 기상이 괴로웠지만, 작가가 되어 부자가 되겠다는 일념으로 새벽을 깨웠다.

8개월간 열심히 원고를 썼다. 그리고 700곳 이상의 출판사에 출간제안서를 투고했다. 이름도 들어본 적 없는 내 책을 출간해주는 출판사가 있을까 싶어 걱정됐다. 운 좋게 내 원고와 제안서를 보고 몇 군데 출판사에서 연락이 왔다. 단 전제 조건이 있었다. 책을 출간하는 데 드는 비용의 50%는 출판사가 내고 나머지 50%는 작가가 내야 한다고 했다. 난 돈이 없었다. 그래서 비용을 출판사에서 100% 댈 수 있는 곳만 찾았다. 다행히 한 출판사에서 출간에 필요한 모든 비용을 내주겠다고 했다. 계약금 50만 원도 받았다. 예비작가라는 타이틀로 강사 활동을 할 수 있는 최소한의 기준이 만들어졌다.

고맙게도 내게 책 쓰기를 알려준 기성준 작가가 강사 데뷔 무대를 만들어주겠다고 했다. 대상은 당시 그가 운영하는 독서 모임 회원들이었다. 큰 기대를 안고 사람을 모았지만 이름 없는 강사의 강의를 들을 만큼 사람들은 한가하지 않았다. 50명은 모일 줄 알았는데 특강 당일 강의장에는 4명이 전부였고, 그중 2명은 지인이었다. 꽃다발 하나 없는 초라한 첫 특강이었다. 그러나 책만 출간되면 상황이 달라질 것이라 믿었다.

2019년 12월, 고대하던 첫 책이 출간됐다. 여러 독서 모임에 나가 책을 소개하고 강의 계획도 세웠다. 하지만 예상 밖의 일이 생겼다. 코로나 사태가 터졌다. 1년 동안 모든 시간과 정성을 쏟아 만든 책이 출간되자마자 대외 활동을 전혀 하지 못하게 됐다. 작가만 되면 지긋지긋한 가난에서 벗어나 부귀영화를 누릴 줄 알았는데, 모든 계획이 물거품이 됐다. 내 삶은 변곡점 없이 하향곡선을 그리며 끝 모를 내리막길을 가고 있었다.

월급 중독에서 벗어나라!

▶

도박, 술, 마약, 코인 중독보다 더 끊기 힘든 중독이 있다. 바로 '월급 중독'이다. 직장인 대부분은 월급 중독에 걸려있다. 그들은 어떻게 하다 월급 중독에 걸리게 된 것일까?

대학생은 취업을 위해 어학연수, 교환학생, 워킹홀리데이, 공모전, 인턴, 토익, 영어 회화 등 스펙을 쌓는 데 열중한다. 대학 생활의 목표는 오직 취업처럼 보인다. 그리고 엄청난 경쟁률을 뚫고 취업에 성공한다. 세상을 다 얻은 것 같은 기분이다. 부모님도 좋아하신다. 열심히 일해서 미래에 임원이 되어 연봉 1억 원을 받는 모습을 상상한다.

첫 월급은 달콤하다. 급여라는 항목으로 300만 원이 통장에 입금된다. 대학생 때 받았던 30만 원의 용돈보다 10배가 많다. 일할 맛도 나고 살맛도 난다. 이 정도 월급이면 충분하다고 느낀다. 지금까지 공부하고 취업 준비하느라 고생한 자신에게 보상을 해주고 싶다. 그렇게 이것저것 쓰다 보면 통장은 어느새 바닥을 보인다. 그래도 괜찮다. 어차피 한 달 버티면 또 월급이 나오니까. 회사에 적응하느라 시간 가는 줄 모른다. 3개월 정도 일하니 회사 생활도, 월급도 적응되어 간다. 그와 더불어 사회생활 한답시고 씀씀이가 조금씩 커지며 카드값이 생각보다 많이 나온다.

그 와중에 사랑하는 여자를 만나 연애하고 결혼을 결심한다. 직장 생활은 몇 년 했지만 모아 놓은 돈은 없기에 신혼집을 구하기 위해 대출을 알아본다. 그렇게 있는 돈 없는 돈 다 끌어모아 조그마한 아파트 전세를 구한다. 대출 원금과 이자가 꽤 나오지만 월급이 있으니 괜찮다. 아직 젊어서 회사에서 잘릴 일은 없고, 버티기만 하면 된다.

그런데 아이가 생겼다. 단둘이 살던 신혼집이 작게 느껴진다. 조금 더 넓은 집으로 이사를 해야 할 것 같다. 직장 선배들에게 이사 이야기를 하니 집과 명품 가방은 오늘이 가장 저렴하다며 집을 사라고 조언해준다. 조금 더 넓고 쾌적한 환경에서 아이를 키우고 싶은 마음에 무리하게 대출을 받아 집을 산다. 내 집 마련을 했다는 기쁨도 잠시, 매달 갚아야 할 이자를 생각하니 눈앞이 캄캄하다.

이제 월급 없는 삶은 상상할 수 없다. 생활비, 관리비, 보험료, 통신료, 용돈, 카드값 등 고정비가 월 300만 원 이상 든다. 예상치 못한 경조사비도 무시 못 한다. 월급을 받아도 이것저것 빠져나가면 1주일도 안 돼 통장 잔고가 바닥나 있다. 아무리 생각해도 월급만으로는 부족하다는 생각이 든다. 수입이 조금만 더 있으면 여유로워질 것 같다. 재테크 책을 몇 권 읽고 유튜브로 투자 공부를 시작한다.

직장인이 적은 돈으로 쉽게 할 수 있는 투자는 주식이다. 직장에서 주식으로 돈 벌었다는 동료의 이야기를 종종 듣는다. 나도 주식으로 돈 좀 벌고 싶은 마음에 계좌를 만든다. 주식 초보, 요즘 말로 주린이인 만큼 위험한 투자는 절대 하지 않겠다고 다짐한다. 삼성전자와 같은 우량주를 사서 장기간 보유한다는 계획을 세운다. 처음에는 100만 원부터 시작한다. 투자금이 적으니 재미도 없다. 어느새 마이너스통장까지 손대게 된다. 연 이자 3-5%는 부담이 없다. 주식 수익으로 이자 정도는 충분히 낼 수 있을 것 같다.

우량주를 가지고 있지만, 변동성이 너무 적다. 다른 주식은 하루에 5~10%씩 오르는데 내 주식만 안 오르는 것 같다. 그러던 어느 날 친구가 종목을 하나 추천해준다. 호재가 있어 못 먹어도 2배는 먹을 수 있다며 여유 자금으로 조금 사놓으라고 한다. 밑져야 본전이라 생각하고 과감하게 600만 원어치를 매수한다. 매일 주가를 확인하는데 가격이 계속 떨어진다. 언제 매도해야 할지 몰라 친구에게 물어보니 조금만 기다리라고 한다. 곧 언론에서 발표하면 개미들이 매수해 가격이 오를 거라고 한다. 뉴스에서 호재를 발표했지만, 가격은 이전보다 더 떨어진다. 주식을 추천해준 친구에게 물어보니 미안하다며 지금이라도 손절하는 것이 좋겠다고 한다. 수익률 -50%로 1달 치 월급을 잃었다. 속은 쓰리지만 한 달 버티면 월급이 나오니 그걸로 충당하면 된다고 스스로 위안 삼는다.

갑자기 주식보다 코인이 대세라는 생각이 든다. 코인은 변동성이 커 투자만 잘하면 수익률 1,000%도 가능할 것 같다. 보유한 주식을 모두 처분하고 남아 있는 300만 원으로 코인에 투자하기로 한다. 먼저 유튜브로 코인 공부를 시작한다. 그리고 코인으로 돈 좀 벌었다는 지인에게 투자할만한 좋은 코인을 추천해 달라고 한다.

지인이 떡상 가능성이 높은 A코인을 추천해준다. 가격은 개당 100원이다. 백서를 보면 엄청난 개발자들이 참여했고, 상용화를 앞두고 있어 조만간 1만 원까지 갈 수 있다고 한다. 주식을 팔아서 남은 돈 300만 원 모두 매수한다. 100원이던 코인이 1주일 만에 120원이 된다. 수익률 20%로 60만 원을 번다. 친구가 앞으로 120원은 평생 볼 수 없는 가격이고 1만 원까지 수직으로 상승할 일만 남았다고 한다. 지금 분위기라면 허무맹랑한 이야기는 아닌 것 같다. 이번 기회에 주식에서 잃은 돈도 만회하고 싶어진다.

마이너스통장에서 1,000만 원을 빼 A 코인을 추가 매수한다. 120원이 1만 원까지 가면 8억 원의 수익이 생긴다. 투자금이 커진 만큼 신경이 많이 쓰인다. 시도 때도 없이 시세를 확인한다. 밤에 잠을 자다 깨면 휴대폰부터 켜서 코인 가격을 확인한다. 오르락내리락 반복하다 가격이 조금씩 떨어지기 시작한다. 120원, 100원, 90원…….

코인을 추천해준 지인에게 가격이 떨어지는 이유를 묻자 개미를 털려는 작전이라며 버티면 결국 오른다고 한다. 지금 손절하기에 손실이 너무 크다. 며칠 더 지켜본다. 유튜브에 A 코인을 검색하니 일부 유튜버들이 바닥을 다지는 중이라 곧 반등할 거라고 말한다. 한 달을 기다렸지만, 가격은 계속 떨어져 30원이 됐다. 수익률은 -73%. 2달 만에 900만 원을 잃었다. 뭔가 잘못된 것 같다.

주식으로 300만 원, 코인으로 900만 원. 총 1,200만 원을 몇 달 만에 날렸다. 수업료 냈다고 생각하기엔 너무 큰 금액이다. 그래도 월급이 오르고 연말에 성과급을 받으면 조금은 만회할 수 있을 것 같다.

마이너스통장을 보고 있으면 가슴이 답답해진다. 문득 신입사원 때 가졌던 임원의 꿈이 생각난다. 재테크가 아닌 회사 일로 승부를 걸어보고 싶다. 열심히 일해 승진해서 임원이 되면 돈을 많이 받을 수 있을 것 같다는 생각을 한 뒤, 마음먹고 업무에 집중한다. 매일 야근을 하고 워커홀릭이 된다. 상사에게 잘 보이기 위해 궂은 일도 마다하지 않는다. 가정은 뒷전이고 일단 돈부터 많이 벌어야겠다는 생각밖에 없다. 일을 마치고 집에 가면 애들은 자고 있고, 아내는 왜 매일 늦느냐며 잔소리를 해댄다. 대꾸할 힘도 없다. 온몸이 피곤하다. 그래도 사랑하는 아내와 아이들이 조금 더 윤택하게 살 수 있다면 나의 희생쯤은 괜찮다고 생각한다.

신입사원 때 매일 밤늦게까지 회사에 남아 일하는 팀장을 보면 안타까웠다. 가정도 있는데 왜 저렇게 일에 파묻혀 사는지 도무지 이해가 되지 않았다. 하지만 지금은 그 팀장처럼 살고 있는 자신을 발견한다. 이렇게 일한들 회사에서 알아준다는 보장도 없고 돈을 더 벌 수 있을 거라는 생각도 들지 않는다.

직장 생활 10년이 어떻게 지나갔는지 모를 만큼 금방 지나갔다. 평일에는 회사일, 주말에는 가족과 시간을 보내다 보니 어느덧 마흔이다. 월급 없이는 하루도 살 수 없는 10년 차 직장인이 되고 말았다. 월급 외에는 돈 벌 수 있는 재간이 없다는 생각이 든다. 아이들은 점점 커가고 빚은 늘어나는데 도대체 뭘 어떻게 해야 할지 몰라 답답하다. '혹시 회사가 어려워져 잘리면 우리 가족은 어떻게 될까?', '아이들 학원비는 어떻게 하지?', '노후 준비는 하나도 못했는데, 나중에 폐지 줍는 할아버지가 되는 건 아닐까?' 하는 걱정과 근심으로 잠을 이룰 수 없다.

내가 가상으로 설정한 월급 중독에 빠진 직장인 이야기다. 월급은 본인도 모르는 사이 서서히 중독된다. 매달 월급을 받다보면, 우리의 뇌는 월급 없는 삶을 상상할 수 없게 된다. 그렇게 회사에 맹목적으로 의존하게 된다. 그러나, 회사는 우리 인생을 절대 책임져주지 않는다. 효용 가치가 있을 때까지 이용하고 이후에는 내팽개친다. 누구나 이 사실을 알지만 먼 훗날의 일이라 생각하고 지금부터 준비하지 않는다. 회사에서 잘리거나 경제 활동을 못하는 순간이 오면 그때서야 뒤늦게 고민한다. 한 살이라도 젊을 때 준비해야 하는데 그러지 못한다. 시간은 생각보다 빨리 지나간다. 앞으로 10년은 지나온 10년보다 더 빠르게 지나가고 후회는 더 커진다.

더없이 달콤하지만, 당신을 나약하게 만드는 월급 중독을 끊으려면 한 가지 방법밖에 없다. 근로 소득이 아닌 사업 소득이나 자본 소득을 만들어야 한다. 내 목숨줄을 회사에 맡기는 건 위험한 일이다. 월급 외에 10만 원이라도 벌 수 있는 방법을 필사적으로 찾아야 한다.

지금이라도 늦지 않았다. 시작하기로 마음먹은 사람에게는 오늘이 가장 빠른 날이다.

부의 변곡점이
보이기 시작하다

01
—
유튜브에서 만난
부자의 세계

직장인이 퇴근 후 집에서 할 수 있는 일은 많지 않다. 기껏해야 유튜브를 시청하거나 넷플릭스를 통해 영화를 보는 것이다. 나는 실제로 만나기 어려운 부자들을 간접적으로 만날 수 있는 좋은 매체라 유튜브를 자주 시청했다. 평소와 같이 유튜브를 보고 있는데 알고리즘 추천으로 '신사임당'이라는 유튜버를 알게 됐다. 지금은 구독자 174만 명(2022년 4월 기준)으로 국내 재테크 유튜버로 손꼽힐 만큼 유명하지만, 그때만 해도 신사임당은 구독자 1만 명도 안 되는 초보 유튜버였다.

그는 본인의 유튜브에서 주로 돈 이야기를 했다. S 방송사 PD

로 근무할 때 160만의 월급을 받았는데, 부업으로 쇼핑몰을 시작한 뒤, 월 1,000만 원을 넘게 번다고 했다. 신사임당의 영상을 모두 시청했지만, 믿기 힘들었다. '어떻게 직장을 다니며 쇼핑몰을 할 수 있지? 특별한 사람인가 보다.'라고 생각하며 내가 쇼핑몰을 하게 될 거라는 상상조차 하지 않았다. 나는 공대생이었고, 쇼핑몰과는 관련 없는 기술영업을 하고 있었기 때문이다. 컴퓨터를 잘 다루지도 못하고 유통에 대해 아는 것도 없었기에, 신사임당 채널에 올라온 영상을 항상 챙겨봤지만, 쇼핑몰 영상만큼은 관심 밖이었다. 그러던 어느 날 신사임당 친구 김정환이라는 사람이 등장했다. 김정환은 30대 중반의 원룸에 사는 백수였다. 백수 친구에게 신사임당이 한 가지 제안을 했다. 한 달 순수익 500만 원 버는 방법을 알려줄 테니, 그 이상 버는 돈은 자신에게 달라고 했다. 김정환은 그런 사업이 어디 있느냐며 사기 치지 말라고 욕을 했다. 하지만 신사임당은 가르쳐준 대로만 하면 충분히 월 500만 원의 순수익을 벌 수 있다며 설득했다. 김정환은 밑져야 본전이라는 생각으로 그의 제안을 수락했고, 쇼핑몰을 시작했다. 그렇게 탄생한 콘텐츠가 바로 '창업 다마고치'다.

신사임당은 쇼핑몰을 전혀 모르는 친구에게 스마트스토어 하는 방법을 하나씩 알려줬다. 쇼핑몰 생태계, 상품 구하는 방법, 상품 등록하는 방법, 판매하는 방법 등 초등학생에게 설명하듯 자세히 설명했다. 이걸 영상으로 만들어 신사임당 유튜브에 올렸다. 친구 김정환도 〈창업 다마고치〉라는 유튜브 채널을 만들어 본인이 겪는 시행착오를 영상으로 만들었다. 결과는 대히트였고, 지금의 신사임당을 만든 밑바탕이 됐다. 〈창업 다마고치〉 영상이 나올 때쯤 스마트스토어 붐이 일어났고, 많은 사람이 부업을 시작한 계기가 됐다. 그만큼 경쟁이 치열해지면서 신사임당은 기존 쇼핑몰 운영자로부터 많은 비난을 받았지만, 그 덕분에 유명해졌다.

나 역시 〈창업 다마고치〉 영상을 재미있게 봤다. 하지만 아무것도 하지 않았다. 짜고 치는 고스톱처럼 뭔가 꿍꿍이가 있는 것 같았다. 그리고 내가 한다고 성공한다는 보장도 없고, 직장 다니며 쇼핑몰 한다는 게 엄두가 나지 않았다. 그러던 어느 날, 김정환이 만든 유튜브 채널에서 '1년 만에 1억 벌었습니다!'라는 섬네일을 봤다. 그는 영상에서 2018년 11월부터 2019년 11월까지 1년 만에 쇼핑몰로 순수익 1억 원을 벌었다고 했다. 통장 잔액도 보여줬다. 그야말로 충격이었다. '나는 왜 1년 전 영상을 보고도 시작하지 않았을까? 그때라도 시작했다면 최소 1,000만 원은 벌지 않았을까?'라는 생각과 함께 자책했다.

더는 미룰 수 없었다. 이미 마이너스통장도 한도까지 다 찼고 추가 수입이 절실했다. 마음먹은 김에 집 주소로 사업자등록증과 통신판매업 신고를 했다. 사업자등록증을 내고 나니 심장이 쿵쾅쿵쾅 뛰었다. 직장 생활만 하던 내가 사업자를 내고 쇼핑몰을 하기 위해 통신판매업 신고까지 하니 뭔가 대단한 일을 한 것 같았다. 쇼핑몰을 하겠다고 결심하기까지 2년이 넘는 시간이 걸렸지만, 사업자등록증을 신청하고 발급받는 데는 하루밖에 걸리지 않았다. 1년 후 창업 다마고치처럼 월 순이익 1억 원을 인증하겠노라고 결심하며, 스마트스토어에 입점해 주문 건수 0, 방문자 수 0인 화면을 캡처했다. 그리고 곧장 블로그를 개설하고 스마트스토어 입점한 날을 기록으로 남겼다.

02
—
스마트스토어로
첫 판매를 하다

2020년 1월 6일, 처음으로 스마트스토어에 상품을 등록했다. 어떤 상품을 판매할까 고민하다 얼굴에 붙이는 흉터밴드를 발견했다. 턱에 난 뾰루지에 붙이려고 책상 위에 올려뒀는데 그게 눈에 띈 것이다. 도매 사이트에 '흉터밴드'라고 검색하니 16,500원에 판매되고 있었다. 나는 여기에 마진을 더해 19,000원으로 스마트스토어에 올렸다. '나보다 저렴하게 판매하는 판매자가 많은데 설마 팔릴까?', '리뷰도 없는 상품을 누가 살까?' 하며 반신반의했다.

그런데 상품 등록 후 3일 만에 첫 주문이 들어왔다. 신기했다. 조금만 검색하면 2,000원~3,000원 더 저렴한 상품이 있는데 왜 비싼 내 상품을 구매했는지 이해되지 않았다. 그러면서 한편으로 나 같은 초보자도 쇼핑몰로 돈을 벌 수 있다는 실낱같은 희망이 보였다. 신사임당이나 창업 다마고치처럼 월 1,000만 원은 아니더라도 부업으로 100만 원만 벌면 좋겠다 싶었다.

쇼핑몰을 시작하고 일과가 달라졌다. 이전에는 가족과 저녁 식사 후, 아이와 놀아준 다음 아이를 밤 10시에 재운 뒤, 유튜브를 보거나 책을 보며 개인적인 시간을 보냈다. 그런데 쇼핑몰을 시작하면서부터 아이를 조금 더 일찍 재우고, 곧장 책상에 앉아 상품 등록에 열중했다. 그리고 도매 사이트에서 상품을 찾아 스마트스토어에 올렸다. 주문이 들어오면 도매 사이트에 주문했다. 그렇게 상품이 많아지면서 매출도 늘었다.

스마트스토어를 시작한 첫 달 매출은 75만 원, 순수익은 약 10만 원이었다. 두 번째 달은 매출 700만 원이 나왔다. 5개월 후부터는 월 매출 1억 원이 넘었다. 직장을 다니며 부업으로 만든 결과물이었다. 쇼핑몰을 시작하고 6개월 정도 지났을 때, 아내가 둘째를 임신해 제주도로 태교 여행을 갔다. 그날 하루 최대 매출 6,600만 원의 주문이 들어왔다. 회사 출근도 하지 않고 제주도에서 놀고 있는데 대량 주문을 받아 말도 안 될 만큼 큰 매출을 올렸다. 마진율을 최소 10%만 잡아도 660만 원의 순수익을 하루 만에 벌었다. 대학생 때는 온종일 막노동해도 6만 원밖에 벌지 못했는데 여행하면서 그때보다 100배 이상의 돈을 벌었다.

'내가 만약 쇼핑몰은 신사임당이나 김정환처럼 특출 난 사람들만 할 수 있는 거라고 생각하고 시작하지 않았다면 어떻게 됐을까?', '쇼핑몰은 레드오션이라 생각하고 시도조차 하지 않았다면 지금 난 뭘 하고 있을까?' 하는 생각이 들었다. 나도 처음 시작할 땐 쇼핑몰에 대해 아는 것이 아무것도 없었다. 그냥 무작정 시도했고 하면서 배웠다. 쇼핑몰로 돈 버는 것은 명문대를 가는 것보다, 대기업에 취업하는 것보다, 회사에서 임원이 되는 것보다 훨씬 쉬웠다. 1년만 더 빨리 시작했으면 어땠을까 하는 후회도 들었다.

그렇게, 쇼핑몰을 시작하고 하향곡선만 그리던 내 인생에 변곡점이 나타났다.

03

결국 행동하는 사람이
돈을 번다

무슨 일이든 시작하기 전에는 어렵게 느껴진다. 마음먹고 제대로 하고 싶어도 어디서부터 어떻게 해야 할지 모르는 경우가 많다. 결심하고 시작하더라도 이것저것 알아보다 막히는 부분이 생기면 귀찮아서 그만두는 경우가 허다하다. 유튜브로 설명을 들을 때는 쉬워 보이지만 막상 혼자 해보면 생각보다 어렵게 느껴진다. 어렵더라도 묵묵히 해야 경험과 실력이 쌓이는데 빠른 길만 가려고 한다. 그리고 또 다른 돈 버는 방법을 찾아보다 막히면, 또 다른 방법을 찾는다. 다람쥐 쳇바퀴 돌 듯 돈 버는 방법만 찾다가 많은 시간을 허비한다.

무언가를 완벽하게 알고 시작하면 좋겠지만 그만큼 시작이 더뎌진다. 결국, 하면서 배우는 게 최고다. 유튜브, 책, 블로그를 보면 돈 버는 방법은 넘쳐난다. 월 1,000만 원 버는 사람은 셀 수 없이 많다. 누군가는 그런 이야기를 들으며 '저렇게 돈 벌 수 있으면 누구나 다 하지. 저 방법은 그 사람한테만 해당하는 거고 나처럼 평범한 사람에게는 안 맞아.'라고 생각하며 행동으로 옮기지 않는다. 그 덕분에 행동한 사람이 돈을 번다.

돈 버는 방법을 1만 명에게 알려줘도 그것을 실제 행동으로 옮기는 사람은 10명도 안 된다. 머리로는 안다고 생각하지만, 몸이 움직이지 않는다. 부자가 된 사람은 머릿속 생각을 행동으로 옮긴 사람들이다. 아무리 많은 걸 알고 있어도 실천하지 않으면 의미가 없다.

내가 운영하는 유튜브 채널 〈돈버는형님들〉에 스마트스토어 상품 등록하는 방법을 자세히 올렸다. 유튜브는 공짜라서 영상을 보고 그대로 따라만 하면 되는데 많은 구독자가 댓글로 "지금 해도 되나요?", "늦은 건 아닌가요?", "직장인인데 사업자 내도 되나요?"와 같은 쇼핑몰에 대한 질문이 아닌, 시작하기도 전에 밀려오는 두려움 가득한 질문을 한다. 직접 부딪히며 배우면 되는데 지레 겁부터 먹는다.

2020년 3월부터 쇼핑몰 강의를 시작했다. 지금까지 배출한 수강생이 전국에 500명이 넘는다. 수강생들이 수업을 듣기 전 공통으로 하는 질문 몇 가지가 있다.

"누가 제 상품을 살까요?"

"상품은 어디서 구하나요?"

"가격이 비싸도 팔리나요?"

"자본금 없이도 할 수 있나요?"

"포토샵 못하는데 괜찮을까요?"

......

쇼핑몰을 해본 사람이라면 이런 질문을 하지 않는다. 아마도 이 책을 읽고 있는 독자도 비슷한 생각을 할지도 모른다. 질문에 대한 대답은 아래와 같다.

Q. 누가 제 상품을 살까요?

A. 소비자는 인터넷에서 상품을 구매할 때 판매자가 누군지 확인하지 않는다. 네이버, 쿠팡, 위메프, 11번가 등의 플랫폼을 믿고 구매한다. 사업자등록증의 대표가 누군지, 스토어명이 뭔지, 통신판매업 신고를 했는지 여부는 확인하지 않는다. 또 소비자들은 온라인에서 상품을 구매할 때 상품, 상세페이지, 가격, 리뷰를 보고 판단한다. 즉, 판매자가 누군

지 전혀 중요하지 않다. 60대 남성이 20대 여성 속옷을 팔 수도 있고, 20대 여성이 60대가 먹는 건강기능식품을 팔 수도 있다. 쇼핑몰에서 판매가 되려면 내가 올린 상품이 어디에 노출되는지가 제일 중요하다. 소비자들 눈에 잘 보이는 곳에 노출되면 누군가는 반드시 그 상품을 산다.

Q. 상품을 어디서 구하나요?

A. 쇼핑몰을 해보지 않은 사람은 상품 구할 데가 없다고 말하지만, 상품 구하는 건 정말 쉽다. '상품명+도매 사이트'라고 구글에 검색하면 많은 도매 사이트가 나온다. 예를 들어 마우스를 판매하고 싶으면 '마우스 도매 사이트', 우산을 판매하고 싶으면 '우산 도매 사이트'라고 검색하면 된다. 대부분의 도매 사이트는 폐쇄몰이라 사업자등록증이 있는 사업자만 회원가입이 가능하다.

소비자가 쇼핑할 때 보는 네이버나 쿠팡보다 도매 사이트가 저렴하다. 네이버에서 휴대폰 케이스가 1만 원에 판매되고 있다면, 도매 사이트에는 5,000원에 판매되고 있다. 쇼핑몰 판매자는 도매 사이트에서 저렴하게 가져와서 마진을 붙여 비싼 가격으로 소비자에게 판매한다. 유통업계에 종사하지 않아도 누구나 인터넷으로 다양한 상품을 사고팔 수 있다.

Q. 가격이 비싸도 팔리나요?

A. 인터넷 쇼핑을 한번이라도 해본 사람이라면 같은 상품인데 가격이 다른 걸 본 적 있을 것이다. 이어폰이 필요한 사람이 네이버에 '에어팟'이라고 검색하면 한 화면에 다양한 가격대의 상품이 나온다. A 판매자는 24만 원, B 판매자는 29만 원, C 판매자는 31만 원에 판매하고 있다. 쿠팡에 '에어팟'이라고 검색하면 로켓배송으로 22만 원, 일반배송으로 25만 원 등 다양한 가격대로 판매되고 있다. 판매자마다, 사이트마다 판매 가격이 천차만별이다.

저렴한 상품이 가장 많이 팔릴 것 같지만 꼭 그렇지 않다. 어떤 키워드를 쓰느냐에 따라 노출 순위가 달라진다. 그리고 상품에 따라 가격이 높아야 오히려 더 잘 팔리는 것도 있다. 예를 들어 명절에 부모님께 홍삼을 선물해 드리고 싶은데 30포에 1만 원짜리와 5만 원짜리 두 종류가 있다면 어떤 홍삼을 살까? 1만 원짜리는 어딘가 모르게 성분이 안 좋을 것 같다. 그래서 대부분 5만 원짜리 홍삼을 구매한다.

소비자가 검색했을 때 상위에 노출되고 리뷰가 많으면 사람들은 비싸도 산다. 더 저렴하게 판매되는 상품이 8페이지 40번째 줄에 있을 수 있지만 그걸 찾는 사람은 극히 드물다.

Q. 자본금 없이도 할 수 있나요?

A. 돈이 없는 사람일수록 시작하기 전 자본금부터 걱정한다. 쇼핑몰의 장점 중 하나가 바로 자본금이 필요하지 않다는

것이다. 뒤에 자세히 설명하겠지만 쇼핑몰은 무자본, 무재고 창업이 가능하다. 스마트스토어로 유명한 신사임당도 자본금 70만 원으로 시작했다. 나도 자본금 없이 신용카드만으로 온라인 창업에 뛰어들었다.

사업을 하는데 자본금이 안 들 수 있을까? 언뜻 보면 이해가 안 될 수 있지만 신용카드만 있으면 가능하다. 직장인이라면 대부분 신용카드 1~2장은 있다. 신용카드는 결제한다고 바로 통장에서 인출되지 않는다. 한 달 후, 또는 지정한 날짜에 결제한 금액만큼 빠져나간다. 이 시스템을 활용하면 자본금 없이 쇼핑몰을 운영할 수 있다.

예를 들어 도매 사이트에서 5,000원에 판매되는 캠핑 전구가 있다고 해보자. 이 상품에 마진을 더해 내 쇼핑몰에 1만 원으로 올려놓는다. 주문이 들어오면 고객의 정보를 도매 사이트에 입력하고 내 카드로 5,000원을 결제한다. 도매 사이트에서 내가 주문한 상품을 고객 집으로 택배를 보내준다. 상품이 도착하면 쇼핑몰 결제 수수료를 제외한 나머지 금액이 입금된다. 1만 원에 판매되면 결제 수수료 6%인 600원을 제외한 9,400원이 통장에 입금되는 식이다. 그리고 한 달 후 내가 도매 사이트에 결제한 5,000원이 통장에서 빠져나간다. 결론적으로 통장에는 4,400원이 남는다. 신용카드만 있으면 무자본으로 쇼핑몰 창업을 할 수 있다.

Q. 포토샵을 못하는데 괜찮을까요?

A. 내 컴퓨터에는 포토샵이 없다. 나는 포토샵을 한번도 사용해본 적 없다. 편집은 윈도우에서 제공하는 그림판을 사용한다. 그림판 기능 중 복사하기, 붙여넣기, 자르기만 있으면 된다. 이 방법으로 2년 동안 23억 원의 매출을 만들었다. 포토샵과 쇼핑몰 매출은 상관관계가 전혀 없다.

스마트스토어와 쿠팡 같은 쇼핑몰 플랫폼은 개인 홈페이지가 아니라 화려하게 꾸밀 수 없다. 모든 판매자에게 동일한 템플릿을 제공하고 그 양식에 맞춰 상품을 등록해야 한다. 텍스트, 사진, 동영상을 넣으면 쇼핑몰의 규격에 맞춰 자동으로 정렬된다. 포토샵을 잘한다고 판매가 잘되고, 포토샵을 못 한다고 판매가 안 되는 건 아니다. 최근에는 포토샵을 대체할 수 있는 다양한 사이트가 있어 1분만 투자하면 괜찮은 이미지를 직접 만들 수 있다.

결론적으로 초보자들이 하는 질문은 몰라서 하는 걱정이다. 그런데 막상 부딪혀보면 어렵지 않다. 상품을 등록하고 주문이 들어오면 마진만큼 이윤을 취하면 된다. 많은 사람이 일어나지도 않은 일을 걱정하느라 시작조차 못 하고 있는 걸 보면 안타깝다. 혹여나 예상치 못한 일이 생겨도 대부분 하루 이틀이면 해결할 수 있다.

04
—
소비자가 아닌
생산자가 돼라

월급쟁이에게 월 1,000만 원은 꿈의 숫자다. 하지만 유튜브나 SNS 를 보면 돈 잘 버는 사람이 정말 많다. 너나 할 거 없이 월 1,000만 원을 쉽게 말한다. 그들을 보면 부럽기도 하고 한편으로 '저 사람 은 대체 어떤 방법으로 돈을 버는 걸까?', '월 1억 원 버는 사람은 무 슨 생각을 하며 살까?', '돈도 잘 버는데 유튜브는 왜 할까?' 등의 궁 금증이 많았던 때가 있었다.

그랬던 내가 지금은 쇼핑몰로 월 1,000만 원 이상을 벌고 있다. 쇼핑몰을 시작하고 돈에 대해 중요한 사실 하나를 깨달았다. 돈 을 많이 벌려면 무조건 '생산자'가 돼야 한다는 사실이다. 내가 계속 가난했던 이유는 어떤 재화나 서비스를 생산하지 못하고 소비만 했기 때문이었다. 아침 출근길에 주유소에서 주유하고, 점심에는 식당에서 밥을 먹었다. 오후에는 동료들과 커피를 마셨고, 퇴근후 집에 오면 배달 음식을 시켜 먹었다. 밤에는 쿠팡에서 생필품을 주문했고 잠들기 전에는 넷플릭스로 드라마를 시청했다. 철저히 소비만 하는 소비자의 삶을 살았다. 그러니 돈이 없을 수밖에 없었다. 수입은 내 시간과 노동력을 바쳐 받는 월급이 유일했으니. 그러나 쇼핑몰을 하며, 누군가에게 필요한 재화나 서비스를 제공해야, 그 대가로 돈을 벌 수 있다는 걸 알게 됐다.

쇼핑몰 판매자는 물건을 구매하는 소비자로부터 돈을 받는다. 이게 쇼핑몰로 돈 버는 구조다. 누군가에게 필요한 무언가를 제공하고 그 대가를 받는다. 쇼핑몰 운영하는 노하우를 책으로 만들어 팔면 그 대가로 인세를 받고, 쇼핑몰 하는 방법을 사람들에게 알려주면 그 대가로 강의료를 받는다. 남들이 갖고 싶은 상품을 구해주면 수고료를 받고, 유튜브에 영상을 찍어 올리면 광고비를 받는다. 자본주의에서 돈 벌 수 있는 유일한 방법은 필요한 사람에게 무언가를 제공하는 것이다.

쇼핑몰 시작한 지 5개월 만에 스마트스토어로 월 1,000만 원의 순수익을 올렸다. 내가 돈을 번 방법은 대단한 것이 아니었다. 필요한 사람에게 필요한 상품을 판매하고 그 대가로 돈을 받은 것밖에 없었다. 퇴근 후 매일 상품을 한두 개씩 올렸다. 판매하는 상품 중 의료용품도 있었다. 내가 의료용품과 관련된 일을 해서 올린 것이 아니라 도매 사이트에 있는 여러 상품 중 몇 개가 의료용품이었다. 봄이 오면 중국발 황사가 심할 것 같아 어린이 마스크를 올렸는데 하루에 1~2건 주문이 들어왔다. 그러다 2020년 초 코로나가 퍼지면서 마스크 품귀 현상이 일어났다. 당시 약국, 병원에서도 마스크 구하기가 힘들었다. 당연히 나처럼 평범한 직장인이 마스크를 구할 방법은 없었다. 아쉽게도 판매를 중지했다.

그러던 어느 날 도매 사이트에 컵 형태의 수술용 마스크가 보였다. 대중적인 마스크가 아니라 찾는 사람이 별로 없었다. 그 상품을 등록하고 며칠 만에 주문이 들어왔다. 배송지를 보니 병원이었다. 그걸 보고 병원에서 쓸 만한 상품을 올리면 판매가 잘 될 것 같은 생각이 들었다. 누구나 검색하면 나올만한 상품을 도매 사이트에서 가져와 열심히 올렸다. 홍보나 광고를 하지 않았지만, 검색했을 때 내 상품이 네이버쇼핑 상단에 보였다. 남들은 돈을 지불해서라도 상위 노출하려고 하는데, 난 어렵지 않게 노출되고 있었다. 노출이 잘 된다는 건 고객이 검색했을 때 잘 보이는 위치에 내 상품이 보인다는 뜻이다. 노출이 잘 되니 그만큼 소비자 방문 수도 많았다.

상품을 여러 개 올리다 보니 네이버가 어떤 알고리즘으로 상품을 노출해주는지 알 것 같았다. 상품이 많아지고 리뷰가 쌓이니 주문이 폭발적으로 늘기 시작했다. 어느덧 월 매출 1억 원이 넘었다. 이렇게 말하면 사람들은 매출보다 순이익을 궁금해한다. 상품 종류가 많아 정확히 계산하긴 힘들지만, 마진을 대략 10%만 잡아도 한 달 순이익이 1,000만 원이 넘었다. 꿈에 그리던 월 1,000만 원을 달성했다. 월 1,000만 원은 선택받은 특별한 사람만이 벌 수 있는 돈이라 생각했는데 벌어보니 아니었다.

주식 투자의 귀재로 불리는 워런 버핏이 이런 말을 했다 "잠자는 동안에도 돈이 들어오는 방법을 찾아내지 못한다면 당신은 죽을 때까지 일을 해야만 한다." 다시 말해, 애플 또는 삼성전자와 같은 우량 기업 주식을 갖고 있으면, 내가 아닌 그 기업이 밤새도록 일해 벌어들인 수익을 나눠 가질 수 있으니 좋은 주식을 보유하라는 뜻이다. 나는 이것을 주식이 아닌 쇼핑몰에 적용했다. 내가 올린 상품은 인터넷에 하루 24시간, 1년 365일 쉬지 않고 돌아다녔다. 누군가 내 상품을 산다. 그러면 나는 육체노동을 하지 않고도 돈을 번다. 가장 많은 주문을 받았을 때는 주말 동안 1,000건이 넘었다. 상품 하나당 5,000원의 마진이 생긴다고 하면 500만 원의 순수익이 발생하는 셈이다. 주말 동안 가족들과 시간을 보내며 컴퓨터를 켜지도 않고 엄청난 돈을 벌었다. 그 정도 돈을 벌려면 매일 아침 9시부터 오후 6시까지 두 달간 회사에 출근해야 벌 수 있는 돈이었다.

월급쟁이가 월급 아닌 부업으로 월 1,000만 원을 벌어보니 다른 세상처럼 보였다. 더 이상 회사에 목숨 걸고 다닐 필요가 없어졌다.

쇼핑몰로 돈 버는 건 생각만큼 어렵지 않다. 내 상품을 100명에게 노출하고 그중 1명이 결제하면 구매전환율이 1%다. 이때 내가 취할 수 있는 전략은 세 가지다. 첫째, 더 많은 사람에게 노출해 방문자를 늘린다. 100명이 아닌 1만 명이 쇼핑몰에 들어온다면 구매전환율이 1%만 돼도 100명이 결제한다. 둘째, 구매전환율을 높인다. 100명이 방문할 때 1명이 아닌 10명이 결제하게끔 만들면 구매전환율이 10%가 된다. 상세페이지를 잘 만들거나 좋은 리뷰를 많이 쌓으면 효과적이다. 셋째, 추가 상품을 구성해 객단가를 높인다. 내 쇼핑몰에 들어온 고객에게 다른 상품도 함께 판매하는 방법을 활용하는 것이다.

05
—
부업이 월급을 추월하다

쇼핑몰 시작 3개월 정도 됐을 때 월 매출이 약 700만 원 정도 나왔다. 조금 더 배우고 싶은 마음에 강의를 알아보던 중 부산 미라클팩토리라는 자기계발센터에서 '직장인 부업의 시대, 스마트스토어 하는 법'이라는 무료특강이 열렸다. 신청하고 기다리고 있는데 아쉽게도 서울에서 내려오기로 한 강사가 코로나 확진으로 참여가 어렵다는 이야기를 들었다.

그런데 주최 측에서 나에게 그 강사를 대신해 무료특강을 해줄 수 있겠느냐고 제안했다. 당황스러웠다. 쇼핑몰을 운영한 지 3개월밖에 안 된 초보 셀러여서 해야 하나, 말아야 하나 망설였다. 그런데 내가 영업을 하면서 배운 것 중 하나가 고객사에 갈지 말지 고민할 때는 가는 게 낫고, 할지 말지 고민할 때는 일단 하는 게 후회가 적다는 거였다. 그래서 일단 하겠다고 내질렀다.

무료특강이었지만 유료강의 못지않게 열심히 준비했다. 오프라인에서 강의해본 적이 거의 없어 특강 당일 긴장을 많이 했다. 3개월 동안 쇼핑몰을 운영하면서 경험했던 노하우를 알려줬는데 반응이 좋았다. 특강에 참여한 사람 중 5명은 나에게 더 배우고 싶다고 했다. 의도치 않게 유료 과정을 열게 됐다. 당시 코로나가 전국으로 퍼지고 있는 상황이라 오프라인이 아닌 온라인 과정을 만들었다. 강의료는 1인당 15만 원이었다. 큰돈은 아니었지만, 강사라는 타이틀로 처음 돈을 번 순간이었다.

쇼핑몰 1기 과정이 끝나고 얼마 되지 않아 월 매출 1,000만 원을 넘긴 수강생이 2명 나왔다. 나 역시 수업을 하며 매출이 점점 오르고 있었다. 내가 알려준 방법이 다른 사람에게도 적용된다는 걸 알고 자신감이 생겼다. 내 소문이 주변에 나기 시작하면서 2기, 3기도 금방 모집됐다. 그때부터 본격적으로 쇼핑몰과 강의를 병행했다. 직장을 다니고 있어서 평일에는 출장과 회사 일로 시간을 낼 수 없었기에 강의는 매주 일요일 저녁에 했다. 강의를 들은 수강생의 결과가 좋아 다른 지역에도 소문이 났다. 그러던 중 대구 꿈벗컴퍼니 박대호 대표와 인연이 되어 전국을 무대로 강의를 시작했다. 한 기수에 10~20명으로 수업을 진행했는데, 수강료로 월 500만 원 이상을 벌었다. 부업으로 시작한 강의가 월급을 넘게 된 것이다.

내 수강생 대부분은 경제 상황이 좋지 않았다. 상담을 하면 정말 간절하고 절실했다. 마치 옛날 내 모습을 보는 것 같았다. 어떻게든 매출을 올려 그들에게 금전적 여유를 선물해주고 싶었다. 전화가 밤낮없이 울렸지만 개의치 않고 성심성의껏 내가 아는 만큼 답변했다. 월 매출 1,000만 원 넘는 수강생이 줄줄이 나왔고, 마치 내 일처럼 기뻤다. 돈을 많이 벌려면 누군가 돈을 벌 수 있도록 도와줘야 한다는 말을 실감했다.

퇴직할 때나 갚을 수 있을 것 같던 마이너스통장도 서서히 플러스로 바뀌고 있었다. 월급 외에 다른 수입이 생기니 마음이 편해졌다. 예전에는 카드값과 공과금 때문에 월급날만 손꼽아 기다렸다. 마치 중환자실 환자가 산소호흡기에 의지해 호흡을 유지하는 것처럼 나도 월급에 의지해 살았다. 그랬던 내가 월급 없이도 생활이 가능한 수준이 됐다.

당신이 반드시
돈을 벌어야 하는 6가지 이유

▶

스마트스토어를 시작하고 수입이 많이 늘었다. 그렇다고 펑펑 쓰지 않았다. 대학교 때 입었던 반바지와 반팔 티셔츠는 15년째 입고 있다. 9년 전 결혼식 때 선물 받은 속옷을 지금도 입고 있다. 운동화는 언제 샀는지 기억도 나지 않는다. 가방도 아울렛에서 사면 보통 5년 이상 쓴다. 자동차도 10년 된 아반떼를 타다가 둘째가 태어나면서 국산 SUV로 바꿨다. 대부분의 사람은 수입이 늘면 지출이 늘지만 난 워낙 없이 살았던 탓인지 돈 쓰는 것이 어색했다.

2년이라는 짧은 기간 동안 23억 원 이상의 매출을 냈다. 1인 셀러로는 꽤 큰 금액이다. 그뿐 아니라 강의와 컨설팅을 하면서 수입이 많이 늘었다. 10년간 직장 생활하며 번 돈보다 2년 동안 번 돈이 더 많을 정도다. 돈이 없을 땐 몰랐는데 돈을 벌고 사람들이 왜 돈을 많이 벌고 싶어 하는지 그 심정을 조금 알게 됐다. 돈을 벌어서 좋은 점이 몇 가지 있다.

첫째, 가까운 가족을 물질적으로 도울 수 있다. 아버지는 12년 동안 어금니 없이 앞니로 식사하셨다. 식사하는 아버지를 보는 것만 봐도 마음이 아팠다. 하지만 내가 할 수 있는 건 "아버지, 돈 많이 벌면 임플란트 해드릴게요."라는 말뿐이었다. 내 코가 석 잔데 몇백만 원 하는 임플란트를 해드리는 건 현실적으로 불가능했다. 그렇게 10년 이상 똑같은 말만 되풀이하며 지냈다. '내 앞가림도 못 하는데 아버지 임플란트를 하나라도 해드릴 수 있을까?' 하는 생각도 했었다.

그런데 쇼핑몰로 돈을 어느 정도 벌고 아버지를 모시고 동네 치과에 갔다. 그리고 어금니 전체에 임플란트를 해드렸다. 비용이 꽤 나왔지만 일시불로 결제했다. 결제하고 엘리베이터를 기다리는데 아버지가 내 옆으로 와서 조용한 목소리로 "아들, 고맙다."라고 하셨다. 그 말을 듣고 감정이 북받쳐서 눈물이 났다. 천생 경상도 남자라 표현을 잘 안 하는 분인데, 내가 처음 들어본 아버지의 감정 표현이었다. 가난했던 내가 아버지를 위해 무언가를 해줄 수 있다는 것이 감사했다.

부모님은 오랫동안 다세대주택에서 지내셨다. 비가 오면 천장

이사 전 부모님 집

부터 벽면까지 물이 줄줄 새고 곰팡이가 가득한 집이었다. 바퀴벌레와 벌레들이 득실거렸고, 겨울이 되면 물이 나오지 않아 세수조차 할 수 없는 열악한 곳이었다. 옥상은 벽돌이 오래돼 삭아서 구멍이 생겨 있었다. 부모님 댁에 갈 때마다 "아이고, 이런 집에서 어떻게 살아요. 제가 돈 많이 벌어서 좋은 집으로 이사시켜 드릴게요."라며 부모님을 위로해 드렸다. 꼬박 9년을 그렇게 말하며 '과연 그런 날이 오긴 할까? 내 집도 없는데 무슨 수로 부모님 집을 해드릴 수 있을까?' 싶었다.

그런데 얼마 전 부모님 댁을 신축빌라로 옮겨드렸다. 어머니는 호텔보다 이사한 집이 더 좋다며 기뻐했다. 예전에는 집이 누추해서 어머니 친구를 한번도 초대하지 못했는데, 이사하고 처음으로 친구들을 초대했다고 하셨다. 불가능할 것 같은 일들이 돈을 벌면서 현실이 됐다.

나보다 두 살 많은 누나는 대전에서 과외를 하며 지내는데, 코로나로 과외가 줄면서 수입도 줄었다. 혼자 살지만, 월세와 생활비 등 고정 지출로 생활이 힘든 것 같아 누나에게 매달 30만 원의 용돈을 보내주고 있다. 빚만 잔뜩 지고 월세 살던 월급쟁이 신세 때는 상상할 수 없는 일이었다. 가난할 땐 마음만 있지 가족들에게 해줄 있는 것이 아무것도 없었다. 돈이 생기니 가까운 가족을 도울 수 있는 점이 좋았다.

둘째, 가격을 크게 고려하지 않고 필요한 걸 살 수 있다. 과거 돈이 없을 땐 가격에 민감했다. 몇천 원, 아니 몇백 원이라도 저렴한 걸 구매하기 위해 부단히 노력했다. 마트에 가면 인터넷 가격과 비교해보고, 1+1와 2+1 중 어느 게 더 싼지 계산기를 두드렸다. 과일을 살 때도 알이 작고 싼 걸 골랐다. 식당에서 음식을 시킬 땐 언제나 양은 많지만 저렴한 메뉴를 시켰다.

그런데 지금은 가격보다 필요한 걸 산다. 현재는 물건을 살 때, 음식을 시킬 때, 여행을 갈 때 돈이 판단 기준이 아니다. 어떤 선택을 할 때 판단 기준이 돈이 되면 엄청난 스트레스를 받는다. 이건 얼마고 저건 얼마인지 비교하는 데 시간과 에너지를 쏟게 된다. 매번 돈으로 비교하다 보면 짜증 날 때도 있다. 선택의 기준이 돈이 아닌 필요로 바뀌면서 시간과 에너지를 많이 줄일 수 있게 되었다.

셋째, 누굴 만나도 부담이 없다. 돈 없던 시절에는 사람 만나는 것 자체가 부담이었다. 사람을 만나면 식사를 하든 커피를 마시든 누군가 돈을 내야 하는데 돈 생각을 안 할 수가 없었다. 지인과 밥 먹는 약속을 잡으면 '오늘은 뭘 먹을까?', '누가 계산할까?', '1/N씩 내자고 하면 어떻게 할까?'와 같은 생각을 머릿속에 가득 채운 채 약속 장소로 향했다. 밥을 먹는 순간에도 '저 사람이 밥을 사면 내가 커피를 사야 할 것 같은데, 주위에 저렴한 카페가 어디 없을까?', '이름 없는 카페에 가면 저 사람이 날 무시하지 않을까?'와 같은 생각을 했다. 누굴 만나든, 뭘 먹든 항상 돈이 중심이었다. 돈이 없을 땐 돈을 쓰는 것 자체가 부담이었다.

하지만 지금은 누굴 만나도 부담이 없다. 만나는 사람이 경제적으로 여유가 있어 고급 식당에 가더라도, 누가 계산할지 걱정하지 않고 그 시간을 온전히 즐길 수 있다. 쪼들릴 때는 누구를 대접할 여유가 없었지만, 돈이 생기니 마음에 여유가 생기고 베풀 수 있게 됐다.

넷째, 하고 싶은 걸 언제든지 할 수 있다. 돈이 없으면 개인 PT, 골프, 인터넷 유료강의 등 배우고 싶은 것이 있어도 돈 때문에 망설인다. '돈 좀 더 벌면 그때 해야지, 다음에 기회 되면 배워야지.' 라며 차일피일 미루기 일쑤였다.

그러나 이제는 달라졌다. 쇼핑몰 운영으로 온종일 컴퓨터 앞에 앉아 있으니 몸이 안 좋아지는 게 느껴졌고, 아내가 개인 PT를 받아보는 게 어떻겠냐고 해서 집 근처 헬스장을 갔다. 비용을 물어보니 20회에 110만 원이라고 했다. 예상보다 비쌌지만 내 몸을 위해 과감하게 결제했다.

줄곧 골프를 배워보고 싶다는 생각도 했지만 그럴 여유가 없었다. 스크린골프는 3개월에 60만 원이었지만, 빚쟁이에 월세 사는 월급쟁이에게는 부담스러운 비용이라 배울 엄두도 내지 못했다. 하지만 쇼핑몰로 돈을 벌고 난 후에는 배우고 싶은 것이 있으면 과감하게 비용을 내고 배울 수 있게 됐다.

다섯째, 부부싸움이 줄어든다. 나는 아내와 사이가 좋은 편이다. 『결혼 7년 차, 나는 아직 연애 중입니다』의 저자로서 연애 5년, 결혼 9년 총 14년 동안 신혼처럼 지내고 있다. 물론 아주 가끔 부부싸움을 하긴 한다. 대부분 싸움의 원인은 '돈'이었다. 별거 아닌 일도 돈이 없으니 서로에게 예민하게 대했고, 돈 이야기를 하는 순간 서로가 불편해졌다. 내가 가난해서, 능력이 없어서 이런 일이 생긴 것 같아 스스로가 원망스럽기도 했다. 소중한 가족을 위해 중요하지 않다고 생각했던 돈이 필요했다.

그러나 지금은 돈 이야기를 해도 아내와 싸우지 않는다. 오히려 돈 이야기를 자주 한다. 어디에 투자하는 게 좋을지, 자산은 얼마나 늘었는지 예전보다 더 생산적인 대화를 많이 한다. 그리고 서로에게 조금 더 관대해졌다.

여섯째, 선택의 폭이 넓다. 돈이 없을 때 선택의 폭이 좁았다. 예를 들어 이사할 때 대출을 끼고 1억 원 이하의 집을 찾아야 했다. 산꼭대기 집 또는 오래된 빌라. 선택의 여지가 없었다. 가구나 가전을 살 때도 선택의 기준은 언제나 가격이었다. 원하는 모델이나 예쁜 디자인은 대부분 비쌌다. 마음은 원하지만 결국 우리는 가장 저렴한 모델을 선택할 수밖에 없었다. 신혼집, 두 번째 집, 세 번째 집 모두 35년 이상 된 구축 아파트였다. 첫 시작은 전세였지만 집값이 계속 오르면서 월세살이까지 했다.

그러나 쇼핑몰로 돈을 벌고 이사를 했다. 첫째가 초등학교를 다녀야 하니 학교에서 가까우면서 지어진 지 얼마 안 된 30평대 신축 아파트로 옮겼다. 가구, 가전도 아내가 원하는 모델로 샀다. 여행을 갈 때 숙소나 식당을 정하더라도 선택의 폭이 넓어졌다.

돈을 더 번다고 더 행복한 건 아니다. 단지 생활이 편해졌을 뿐이다. 돈을 벌어보니 그걸 유지하기 위해, 더 많은 돈을 벌기 위해, 몸과 마음은 더 힘들어졌다. 그래도 돈 버는 건 가치 있는 일이라 생각한다. 누군가에게 재화나 서비스를 제공하고, 그 대가로 받는 것이 돈이기 때문에 내가 버는 만큼 사회에 공헌하고 있다는 뜻도 되기 때문이다.

부업으로 2년 만에 쇼핑몰 매출 23억 만든 비결

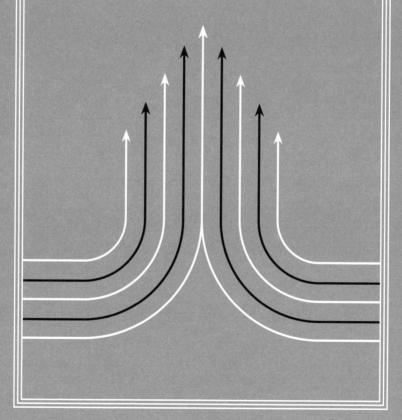

01

움직여야
기회를 얻는다

대한민국에서 쇼핑몰을 운영하는 사람이 몇 명이나 될까? 2021년 12월 발표된 통계자료에 따르면 50만 명이라고 한다. 온라인 쇼핑몰 규모는 점점 성장하고 있어 연간 160조가 넘는다. 160조를 쇼핑몰 판매자 50만 명으로 나누면 1인당 평균 연 매출 3억 원이라는 계산이 나온다. 판매자마다 마진율이 다르겠지만 일반적으로 10%로 잡으면 연 3,000만 원의 순수익이 발생하는 셈이다. 하지만 주변을 돌아보면 쇼핑몰로 연 매출 3억 원, 순수익 3,000만 원을 버는 사람을 찾기 어렵다. 이러한 이유로 지금 시작해도 어차피 안 될 거라고 생각한다.

'지금은 너무 늦었어.'

'쇼핑몰은 이미 포화 상태야.'

'쇼핑몰로 성공한 사람은 특별할 거야.'

'사업자등록증 냈다가 회사에서 알면 잘릴 거야.'

'유튜버들이 돈 버는 방법을 공짜로 알려주겠어?'

……

와 같은 걱정과 의심으로 시도조차 하지 않는다. 나 역시 스마트스토어라는 쇼핑몰을 알게 된 지 3년이 넘어서야 겨우 시작했다. 하지만 막상 해보니 돈 드는 것도 아니고, 자투리 시간만 잘 활용해도 충분히 할 수 있는데 조금 더 빨리하지 않은 것이 후회된다.

무슨 일이든 늦게 시작해도 돈 버는 사람은 있다. 최근에 만난 쇼핑몰 대표는 1년 8개월 만에 매출 80억 원을 만들었다. 단기간에 이런 매출을 만들면 '저 사람은 분명 천재일 거야.' 또는 '금수저 출신일 거야.'라며 자신과는 다른 특별한 사람일 거라 생각한다. 하지만 만나보면 지극히 평범한 사람이다. 그저 본인이 경험한 마케팅 역량을 쇼핑몰 분야에 적용했고 여러 테스트를 거쳐 노출이 잘되는 알고리즘을 파악했을 뿐이다.

후발주자로 시작해 단기간에 성과 낸 사람을 많이 만났다. 어린이집 원장이 스마트스토어를 하고 싶다며 내게 조언을 구했다.

50대가 시작하기에 늦은 건 아닌지, 컴퓨터를 못 해도 할 수 있는지 여러 질문을 했다. 일단 시작해보고 적성에 맞는지 안 맞는지 3개월 후에 판단하는 것이 좋겠다고 하고 스마트스토어를 시작했는데 1달 만에 매출 1,200만 원이 나왔다.

2021년 하반기에 서울에 소재한 대학교에서 온라인으로 4주간 쇼핑몰 수업을 했다. 쇼핑몰을 한번도 운영해본 적 없는 20대 초반의 학생들이었다. 첫 수업을 할 때는 관심도 없고 질문도 없었다. 하지만 시간이 갈수록 관심을 가지며 질문도 많이 해왔다. 어느덧 4주가 흘렀고, 수업이 끝나기 직전 수강생 80%가 주문을 받았고, 그중 한 명은 그 짧은 기간 안에 매출 100만 원을 넘겼다.

어떤 분야를 빠르게 배우고 싶다면 이론 공부보다 실전으로 부딪혀보는 것이 좋다. 주식도 이론 공부만 몇 년씩 하는 것보다 적은 금액이라도 내 돈을 투자해봐야 공부가 된다. 부동산도 마찬가지다. 공인중개사 시험 보듯이 공부하는 것보다 본인이 살 집을 한번이라도 계약해보면 그 과정에서 많은 것을 배울 수 있다. 쇼핑몰도 다를 바 없다. 책을 읽고, 유튜브를 보고 "이건 이렇고, 저건 저렇고." 하는 것보다 실제로 입점해 상품을 등록하고 주문받으면 알아서 배우게 된다. 물론 모든 일이 처음에는 낯설고 어렵게 느껴진다. 그건 당연한 일이다.

나도 쇼핑몰을 한지 이제 2년이 조금 넘었을 뿐이다. 온라인 시장은 계속 성장하고 있는 분야라 늦게 진입하더라도 후발주자가 충분히 해볼 만하다. 그러나 대부분의 사람은 경쟁이 치열하면 시작도 안 해보고 피하려고만 한다.

돈을 벌려면 긍정적으로 생각해야 한다. "돈을 벌려면 돈이 흐르는 곳으로 가라."는 말이 있듯 레드오션은 그만큼 수요가 많아 돈 벌기 쉽다는 뜻으로 해석해야 한다. 아무것도 안 하는 것보다 '어느 곳이든 내 월급 정도 벌 수 있는 시장은 있다.'는 마인드로 도전한다면 6개월 후, 1년 후 예상보다 더 좋은 결과를 만들 수 있다. 아무것도 하지 않으면 지금 모습 그대로 살아간다. 부의 변곡점을 지나고 싶다면 무엇이라도 시도해야 한다.

02

무자본, 무재고
사업의 실체

유튜브나 SNS를 보면 무자본, 무재고 창업에 대한 영상과 글을 자주 보게 된다. 쇼핑몰을 시작하기 전에는 말도 안 된다며 사기라고 생각했다. 동네에서 통닭집을 하나 차리더라도 최소 5,000만 원 이상의 자본금이 들고, 프랜차이즈 카페 하나 오픈해도 최소 1억 원 이상의 돈이 드는 것이 현실이다. 그런데 자본금 없이 사업을 한다고 하니 의심할 수밖에 없었다. 나뿐만 아니라 무자본, 무재고 창업에 대한 이야기를 들어본 사람이라면 대부분 비슷한 생각을 가지고 있을 것이다. 그러나 나는 여기서 확실히 말할 수 있다. 무자본, 무재고 창업은 충분히 가능하다. 그 원리를 이해하려면 먼저 위탁판매에 대해 알고 있어야 한다.

위탁판매란 재고가 없는 판매자가 주문이 들어오면 도매 사이트를 통해 판매하는 방식이다. 내 쇼핑몰에 상품을 등록한 후 주문이 들어오면 도매 사이트에서 주문하고, 도매 사이트에서는 내가 주문한 상품을 고객에게 배송한다. 이것이 위탁판매 시스템이다.

가령, 도매 사이트에 1만 원짜리 셀카봉이 있다고 하자. 이 상품을 네이버 스마트스토어에 2만 원에 올린다. 그리고 고객이 주문하면 도매 사이트에서 셀카봉을 1만 원에 결제한다. 단, 결제는 내 카드로 하고 배송지는 고객 집 주소를 적는다. 도매 사이트에서 셀카봉을 잘 포장해서 고객 집으로 배송해준다. 셀카봉이 고객 집에 도착하면 판매한 가격 2만 원이 판매자의 통장에 입금된다. 판매자는 도매 사이트에서 1만 원을 결제했지만, 통장에는 2만 원이 입금되는 것이다. 즉 셀카봉 1개를 팔아 1만 원의 마진을 남기게 된다. 셀카봉을 보지도 만져보지도 않고 고객에게 판매해 돈을 버는 것, 이것이 위탁판매다.

아내와 제주도에서 태교 여행을 할 때, 하루만에 6,600만 원의 주문을 받은 적이 있다. 제주도에서 포장도 하지 않고 주문한 고객들에게 모두 배송할 수 있었던 이유가 바로 위탁판매를 한 덕분이다.

그런데 위탁판매를 하다 보면 가끔 자금 회전이 잘 안 될 때가 있다. 하지만 그 상황은 최소 몇천만 원 이상의 매출이 생겨야 겪는 일이다. 최근에는 판매 후 이틀 뒤, 선 정산해주는 혜택이 생겨 자금 문제를 쉽게 해결할 수 있다.

나는 아버지 사업이 부도나는 것을 보며 애초에 자본금이 필요한 사업은 쳐다보지도 않았다. 쇼핑몰은 자본금 없이 할 수 있는 사업이다. 게다가 리스크도 없다. 내 시간만 쏟으면 쇼핑몰을 통해 돈을 벌 수 있다. 쇼핑몰을 하지 않을 이유는 그 어디에도 없다. 단지 내 몸이 움직이지 않을 뿐이다.

03
—
소비자는 절대 모르는 쇼핑몰의 비밀

내가 단기간에 쇼핑몰로 성과를 낼 수 있었던 이유는 쇼핑몰의 생태계를 이해한 덕분이다. 모든 소비자는 자신이 합리적인 소비를 하고 있다고 믿는다. 그러나 자세히 들여다보면 큰 착각임을 알 수 있다. 대부분의 사람은 쇼핑할 때 랭킹 순위 또는 리뷰 수를 보고 구매 여부를 결정한다. 즉, 저렴한 상품이 아닌 노출이 잘되고 있는 상품을 구매한다는 것이다.

예를 들어 A 판매자는 듀오덤 5매를 8,150원에 판매한다. B 판매자는 12,900원에 판매한다. 상식적인 소비자라면 8,150원의 저렴한 상품을 사야 한다. 하지만 구매 건수와 리뷰 수를 보면

12,900원도 꽤 많이 판매됐음을 확인할 수 있다. 소비자가 바보라서 더 비싼 상품을 구매한 것일까? 아니다. 소비자가 어떤 키워드로 검색하느냐에 따라 노출되는 상품이 달라진다.

또 다른 예를 들어보자. A 판매자는 마스크 50매를 15,900원에 판매하고 B 판매자는 9,500원에 판매하고 있다. A 판매자의 마스크가 더 비싸지만, B 판매자보다 월등히 많이 판매됐다. 저렴한 상품보다 비싼 상품이 더 많이 팔린 예다.

같은 이미지에 같은 브랜드임에도 불구하고 판매자가 가격을 정하는 기준에 따라 판매 가격이 달라진다. 동일한 브랜드의 허리 보호대를 A 판매자는 35,900원, B 판매자는 18,800원에 판매하고 있다. 단가가 2배나 차이 나지만 A 판매자의 구매 건수와 리뷰 수가 더 많다.

이것만 보더라도 소비자는 저렴한 상품보다 노출이 잘되고 있는 상품을 구매한다는 사실을 알 수 있다. 아무리 저렴해도 소비자가 검색했을 때 1페이지에 보이지 않으면 판매되기 힘들다. 다소 비싸더라도 1페이지 또는 상위에 노출되면 그만큼 소비자의 눈에 잘 띄고, 판매될 확률이 높아진다.

꽉잡는 자세교정 요통 허리보호대 의료용 약국용 허리견인기 밴드 보조기 복대 지지대 디스크
35,900원
스포츠/레저 > 보호용품 > 허리보호대
착용방법 : 밴드형 | 사이즈 : XS, S, M, L, XL, 2XL, 3XL | 소재 : 폴리에스테르, 면
리뷰 99 · 구매건수 322 · 등록일 2021.02. · ♡ 찜해제 102 · 신고하기   톡톡

의료용 허리보호대 DR-B DR-B021
최저 18,800원 판매처 4
스포츠/레저 > 보호용품 > 허리보호대
리뷰 ★★★★★ 51 · 등록일 2020.11. · ♡ 찜하기 2 · 정보 수정요청

두 번째 함정은 같은 상품도 플랫폼마다 가격이 다르다는 점이다. 쿠팡을 주로 이용하는 소비자는 쿠팡 모바일 앱으로 상품

을 검색하고 주문한다. 이로 인해 다른 사이트에서는 얼마에 판매되는지 모른다. 앞에 예를 든 '듀오덤 10매'의 경우 네이버에서는 19,800원, 쿠팡에서는 16,700원에 판매되고 있다. 쿠팡이 3,100원 더 저렴하고 배송도 빠르지만, 네이버의 상품 리뷰 수가 더 많다.

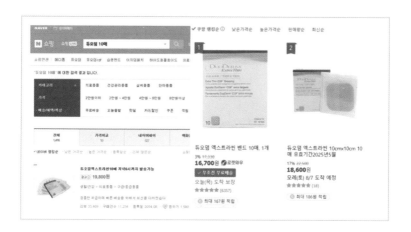

위메프, 11번가, 옥션, G마켓 등 사이트마다 가격이 다 다르다. 조금만 찾아보면 더 저렴하게 판매하는 상품을 찾을 수 있지만, 대부분의 소비자는 습관적으로 본인이 자주 이용하는 사이트에서만 검색한다. 아는 것의 힘이다. 알면 그만큼 합리적인 소비가 가능하지만, 모르면 눈에 보이는 상품을 구매한다. '나는 합리적인 소비를 하고 있어.'라는 착각을 하며.

이런 가격 차이를 이용해 돈을 버는 방법도 있다. 예를 들어 스마트스토어에 19,000원에 올리고 주문을 받으면 쿠팡에서 16,700원으로 구매한다. 이른바 위탁판매를 하는 것이다. 단가 차이가 적으면 남는 것도 적겠지만, 10만 원 이상의 고가 상품은 1개를 팔아도 몇만 원의 마진을 남길 수도 있다.

한 번쯤 리셀러(reseller)라는 말을 들어봤을 것이다. 웃돈을 받고 되팔아 수익을 올리는 사람을 말한다. 일반적으로 한정판 상품이나 인기 있는 상품을 비싸게 되팔 목적으로 구매하는 판매자를 말하지만, 최근에는 온라인 쇼핑몰에도 리셀러들이 많이 생겼다. 이처럼 일반 소비자를 대상으로 쇼핑몰별 가격 차이를 통해 돈을 벌 수 있다.

04
—
리스크 없이
쇼핑몰 키우는 방법

모든 일에는 순서가 있다. 게임을 할 때도, 스포츠를 배울 때도 초보가 꼭 거쳐야 할 단계들이 있다. 쇼핑몰도 비슷하다. 한 단계 한 단계 테크트리를 제대로 밟아야 쇼핑몰로 성공할 수 있다. 내가 경험한 바에 따르면 이 순서대로 하는 것이 리스크가 가장 적으면서 돈을 벌 수 있는 방법이다.

직장인이라면 처음에 '위탁판매'로 시작하는 것이 좋다. 회사 다니며 직접 포장하고 택배를 보내려면 시간이 많이 걸린다. 하지만 도매 사이트를 적극적으로 활용하면 그런 부담은 가뿐히 덜어낼 수 있다. 마진을 붙여 상품을 등록하고 주문이 들어오면 도매 사이트에서 결제해 고객에게 상품만 보내면 된다. 이러한 위탁판매로 판매가 잘 되면 다음 단계인 '사입'을 고려한다.

사입이란 중간 유통상 없이 공장에서 직접 상품을 구매해 재고를 두고 판매하는 방식이다. 위탁은 제조사, 총판, 대리점, 도매업자, 소매업자 등 여러 유통과정을 거친다. 그 결과 최종 단계에서 소비자에게 판매하는 판매자는 마진이 상대적으로 적을 수밖에 없다. 하지만 사입은 공장에서 직접 물건을 구매해 소비자에게 판매하는 방식이라 마진율이 높다. 즉, 위탁판매로 시작해 어느 정도 판매량이 나오면 제조사와 직접 연결해 단가를 낮춰 마진율을 높일 수 있다.

다음 단계는 '브랜딩'이다. 사업으로 판매가 꾸준히 일어나면 판매자가 직접 상품을 제작한다. 즉, 잘 팔리는 상품을 OEM 방식으로 주문 생산하는 것이다. 이는 전 세계 유일무이한 상품이기에 경쟁 상대가 없다. 인터넷에 검색하면 내 상품만 보인다. 가격 비교를 할 수 없어 높은 가격으로 판매할 수 있는 장점이 있다. 위탁, 사입, 브랜드 과정을 순서대로 거치면 리스크 없이 쇼핑몰을 키울 수 있다.

사람들은 내가 특별한 무엇인가가 있어 쇼핑몰로 단기간에 돈을 벌었다고 생각한다. 하지만 아니다. 나는 10대 학창 시절부터

30대 중반이 되기까지 어느 하나 남들보다 뛰어나게 잘하는 것이 없었다. 지방대 출신에 월급 190만 원 받는 평범한 직장인이었다. 결혼도 겨우 600만 원으로 한 가난에 찌들어 살던 사람이었다. 그런 내가 쇼핑몰로 단기간에 높은 매출을 올릴 수 있었던 비결은 '네이버 알고리즘'과 '소비자의 니즈'를 파악한 덕분이다. 이 방법은 나뿐만 아니라 여러 수강생을 통해 검증했다. 누구나 제대로 된 방법으로 꾸준히만 한다면 쇼핑몰로 돈을 벌 수 있다는 확신이 있다.

한 예로 수강생 중 장애를 가진 30대 남성이 있었다. 비록 몸은 불편하고 말도 어눌하지만 내가 알려준 방식대로 실행한 결과 쇼핑몰을 시작하고 2달 만에 월 200만 원의 매출을 만들었다. 40대 직장인으로 사기를 당해 가진 돈을 몽땅 잃어 쇼핑몰로 성공하고 싶다며 찾아온 사람도 있었다. 그 역시 쇼핑몰 시작하고 3개월 만에 월 1,000만 원의 매출을 올렸다. 이뿐만이 아니다. 코로나로 직장을 잃어 생계의 어려움을 호소한 친구가 있었다. 쇼핑몰 운영하는 방법을 알려줬더니 2달 만에 월 매출 1,200만 원을 달성했다.

쇼핑몰은 특별한 사람만 할 수 있는 것이 아니다. 나이를 불문하고 하겠다는 의지를 가진 사람이 제대로 된 방법으로 운영하면 월급 정도의 돈은 충분히 벌 수 있다. 수강생들도 처음 쇼핑몰을 시작할 때 '직장 다니며 부업으로 할 수 있을까?', '육아와 병행하는 것이 가능할까?', '나이 많은 내가 할 수 있을까?'라며 반신반의했지만 결국 시작했고 결과물을 만들었다. 매번 느끼지만, 기회는 움직이는 자에게만 찾아온다.

05

돈을 벌기 위해 반드시 필요한
4가지 마음가짐

많은 사람이 스마트스토어에 입점하는 방법과 조건을 묻는다. 사업자등록증이 필요한지, 통신판매업 신고는 어떻게 해야 하는지 궁금해 한다. 정말 간단하다. 네이버 메일 주소만 있으면 개인 판매자로 가입할 수 있다. 상품 등록은 유튜브 몇 개만 시청하면 초등학생도 따라 할 수 있을 만큼 쉽다. 그 외 방법적인 부분도 인터넷에 검색해보면 다 나온다. 아는 것보다 더 중요한 것이 있다. 바로 '마음가짐'이다. 쇼핑몰을 시작하기로 마음먹었다면 꼭 당부하고 싶은 말이 있다.

첫째, 끈기를 가져야 한다. 최소 50개 이상의 상품을 등록해보고 나와 맞는지 안 맞는지 판단해야 하는데 고작 5개 등록해놓고 판매가 안 된다고 포기한다. 스마트스토어를 유행시킨 유튜버 신사임당도 월 매출 1,000만 원이 되기까지 1년 이상 걸렸다고 한다. 그 후 순수익 1,000만 원은 매출 1,000만 원 달성 3개월 만에 이뤘다. 모든 사람의 꿈인 월 매출 1,000만 원은 다소 시간이 걸릴 수 있지만, 포기하지 않고 본인의 경험과 노하우를 쌓는다면 불가능한 숫자도 아니다.

둘째, 긍정적인 마인드를 가져야 한다. '내가 해도 될까?', '별 성과 없이 괜히 시간만 날리는 건 아닐까?'와 같은 부정적인 생각은 버려야 한다. 어떤 일이든 시작하기 전에 결과를 예측하기 어렵다. '나는 될 수밖에 없다. 왜? 될 때까지 할 거니까.'라는 자세로 임한다면 그게 무엇이든 원하는 결과를 만들 수 있다. 어떤 상황에서도 긍정적인 생각을 가져야 그런 결과를 만들어낼 수 있다.

셋째, 조급해하지 않아야 한다. 사람들은 쉽고 빠르게 큰돈을 벌고 싶어 한다. 그러나 이런 사람은 사기꾼의 타깃이 될 뿐이다. 시간이 걸리더라도 정석으로 배워 자신만의 노하우를 만드는 것이 장기적으로 가장 빠르고 큰돈을 벌 수 있는 방법이다. 쇼핑몰이 본업이라면 목숨 걸고 해야겠지만, 부업이라면 매일 1~2개씩 꾸준히 상품 등록을 한다는 자세로 임해야 한다. 조급한 마음으로 쇼핑몰을 운영하면 무리수를 두게 된다. 차근차근 작은 성공을 맛보며 쇼핑몰 세상을 체험하다 보면 경험이 쌓이고 매출도 자연스럽게 늘어난다.

넷째, 될 때까지 해보는 것이다. 시작은 쉽다. 그래서 많은 사람이 호기롭게 시작하지만 대부분 3개월도 되기 전에 포기한다. 최소 6개월에서 1년은 배운다는 생각으로 해야 한다. 내가 좋아하는 만화 『슬램덩크』에서 기억나는 장면이 하나 있다. 3점 슛을 잘 넣는 정대만 선수가 힘들어서 그만두려고 할 때, 안 감독이 "포기해, 포기하면 편해."라는 말을 한다. 이 말을 들은 정대만은 오기로 다시 코트로 돌아가 3점 슛으로 이긴다. 그때부터 정대만은 '포기를 모르는 남자'가 됐다. 포기하면 몸과 마음은 편하다. 하지만 돈은 벌 수 없다. 지금 당장 몸이 편할지 모르지만 나이 들어 돈을 벌기 위해 불편을 감수해야 하는 순간이 올 수 있다. 조금 더 나은 미래를 꿈꾼다면, 부의 변곡점을 만들고 싶다면, 힘든 순간을 꿋꿋이 이겨내야 한다. 쇼핑몰은 학벌이나 지식으로 하는 것이 아니라 엉덩이로 하는 것이다.

배움에 대한 투자를
아끼지 말자!

▶

2020년 1월 스마트스토어를 시작했다. 2년 동안 1인 셀러로 23억 매출을 올렸다. 강의와 컨설팅은 수백 번도 넘게 했다. 이 정도면 쇼핑몰 분야에서 최소한의 임계점은 넘었다고 볼 수 있다. 이런 나도 아직 배우고 있다. 10만 원부터 600만 원까지 다양한 강의를 듣는다. 그에 더해 쇼핑몰 고수에게 수백만 원을 지불하면서 컨설팅도 받는다. 얼마 전에는 블로그 강의로 200만 원을 결제했다. 오프라인이나 온라인 수업이 아닌 4주간 이메일을 주고받는 방식이었다. 메일에 답장하는 수업이 200만 원이라고 말하면 사람들은 미쳤다고 한다.

그런데 내가 만약 200만 원이 아까워 통장에 그대로 뒀다면 무슨 일이 일어날까? 통장 잔고에 200만 원이라는 숫자만 찍혀있을 뿐, 내 삶에는 아무런 변화도 일어나지 않는다. 하지만 200만 원을 투자함으로써 내가 모르는 분야를 제대로 배울 수 있게 됐다. 돈을 지불한다는 건 내 생각과 시간을 투자해 그 이상의 것을 얻겠다는 의지의 표현이기도 하다.

사람들은 공짜를 좋아한다. "유튜브에 무료영상 많은데 왜 굳이 돈 내서 강의를 들어요?", "다른 곳에서 여러 강의 들어봤는데 별 효과 없던데요?", "블로그 찾아보면 다 나오는 정보를 왜 돈 주고 사요?"라고 말한다. 그런 말을 하는 사람들에게는 공통점이 있다. 항상 돈에 쫓기고, 경제적으로 여유가 없으며, 매사에 불평불만을 한다는 사실이다. 가치를 모르는 사람은 가치 있는 곳에 돈을 쓸 수 없다. 그래서 점점 가난해진다.

피카소 그림 값에 대한 유명한 일화가 있다. 어느 여인이 파리의 카페에 앉아 있는 피카소에게 다가가 자신을 그려 달라고 부탁했다. 적절한 대가를 치르겠다는 말과 함께. 피카소는 몇 분 만에 여인의 모습을 스케치해 주고, 50만 프랑(원화로 약 6억 5000만 원)을 요구했다. 여자가 깜짝 놀라며 항의했다. "아니, 선생님은 그림을 그리는 데 불과 몇 분밖에 걸리지 않았잖아요. 그런데 왜 50만 프랑이나 받으시는 건가요?" 피카소가 대답했다. "천만에요. 나는 당신을 그리는 데 40년이 걸렸습니다." 피카소는 여자를 그린 노동의 시간이 아닌 40년 동안 갈고닦은 자신의 경험과 재능을 기준으로 그림 값을 매겼다. 하지만 여자는 진정한 그림의 가치를 모르고 시간으로 그림 값을 계산했다.

흔히 어른들이 "돈 값한다."는 말을 한다. 여러 물건이 있을 때 선택 장애가 오면 비싼 게 낫다는 뜻이다. 왜 그럴까? 내가 그 물건에 대해 정확한 가치를 평가할 능력이 없으면, 시장에서 형성된 가격을 믿고 구매하면 그만큼 후회를 덜 하게 된다.

군 입대 전부터 전역할 때까지 꾸준히 헬스를 했다. 회사 다닐 때도 기숙사에 있는 헬스장을 다녔다. 헬스를 최소 4~5년 했기에 웬만한 운동기구를 다룰 줄 알고 있었다. 그래서 몇백만 원씩 하는 개인 PT를 받는 사람을 이해할 수 없었다. '유튜브에 검색하면 운동하는 방법 다 나오는데 왜 굳이 비싼 돈 들여가며 운동할까?' 생각했다.

그랬던 내가 PT를 받는 상황이 됐다. 쇼핑몰 시작 후 책상에 오래 앉아 있었던 탓에 목, 허리, 골반이 틀어져 몸에 적신호가 왔다. 앉아 있기 힘들어하는 내 모습을 보고 아내가 건강이 제일 중요하다며 PT를 권했다. 그 말에 망설일 틈 없이 동네 헬스장을 방문해 상담을 받고 PT를 등록했다. 솔직히 100만 원 넘는 금액에 놀라기도 하고 아깝다는 생각도 들었다. 하지만 PT 3회 차가 되자 그 마음이 말끔히 사라졌다. 단순히 운동하는 방법을 제대로 배워서가 아니다. 돈을 지불하고 나니 내 생각과 태도가 달라졌다.

첫째, PT 받는 날은 무조건 헬스장으로 갔다. 일정을 계획할 때 최우선으로 시간을 비워뒀다. 왜? 돈이 아까워서. 둘째, 식단 조절을 병행했다. 건강 때문에 시작한 운동이지만 몸도 함께 만들고 싶은 욕심이 생겼다. 하루 한 끼는 닭가슴살로 대체하고 건강한 음식을 찾아 먹었다. 왜? 돈이 아까워서. 셋째, 틈나는 대로 운동을 했다. 헬스장에서뿐만 아니라 집에서 팔굽혀 펴기와 턱걸이를 수시로 했다. 예전에는 귀찮아서 누가 시켜도 하지 않을 행동을 자발적으로 했다. 왜? 돈이 아까워서.

만일 내가 100만 원짜리 PT를 받지 않고, 1달에 5만 원만 내고 일반회원으로 등록했다면 어땠을까? 매주 2~3회 빠지지 않고 헬스장을 갔을까? 식단 관리를 했을까? 100% 하지 않았을 것이다. 이렇게 돈을 지불하면 생각과 태도를 바꿔준다. 비용 이상의 효과를 얻기 위해 자연스럽게 집중하게 된다. 보는 것이 달라지고 듣는 것이 달라진다. 이것이 바로 돈을 지불할 때 얻는 이득이다.

시간당 100만 원 하는 강의를 듣는 것과 무료강의를 듣는다고 할 때 사람들은 어떤 강의에 더 집중할까? 100만 원이라는 거금을 내는 순간 우리의 뇌와 몸속 세포는 100만 원 가치만큼 움직인다. 강사의 말 한마디를 놓치지 않기 위해 몰입하고, 그걸 실천하기 위해 부단히 노력한다. 명심하자. 부자가 되고 싶다면 가치를 알고 대가를 지불하는 법을 배워야 한다.

불가능을
가능으로 만드는 힘

01

—

작은 성공부터 경험해라

직장인에게 월 1,000만 원은 상상 속의 돈이다. 한 회사의 임원이 되거나 의사, 약사, 변호사와 같은 '사'자 달린 전문가 집단만 벌 수 있는 돈이라 생각한다. 유튜브에 조회 수 높은 영상은 대부분 월 1,000만 원 벌기를 주제로 한다. 그 덕분에 많은 사람이 월 1,000만 원을 목표를 잡고 있지만, 주위에 그 정도 돈을 버는 사람은 찾아보기 힘들다. 어떻게 하면 월 1,000만 원을 벌 수 있을까?

나는 몇 년 전만 해도 월급 190만 원을 받는 평범한 직장인이었고, 월 1,000만 원은 평생 일해도 벌 수 없는 돈이라 생각했다. 그런데 그 꿈같은 일이 쇼핑몰 오픈 5개월 만에 일어났다. 어디 그 뿐인가. 강의를 시작한 지 몇 개월 되지 않았을 때 월 1,000만 원을 강의료로 받았다. 불가능할 것 같은 바람이 월급이 아닌 다른 방법으로 이뤘다.

혹 이 책을 읽고 있는 당신도 월 1,000만 원의 목표를 갖고 있다면 수치적으로 계산할 수 있어야 한다. 쉽게 생각해서 1개 팔아 1,000만 원의 마진이 남는 장사가 있다면 하나만 팔면 월 1,000만 원을 번다. 그런데 그런 상품은 찾기 힘들다. 그러면 '상품 값×판매 개수×마진율'로 계산한다. 예를 들어 10만 원짜리 상품을 500개 팔고 마진이 20% 남는다고 하면 100,000×500×20%=10,000,000(원)이 된다. 그토록 바라던 월 1,000만 원을 벌 수 있다. 1달 동안 500개를 팔려면 하루에 17개씩 팔아야 한다. 매일 어떤 상품을 17개씩 파는 것이 쉬울까, 어려울까? 처음에는 어렵다. 그런데 딱 1개만 팔면 된다. 1개를 팔 수 있다면 2개도 팔 수 있다. 2개를 팔 수 있다면 5개도 팔 수 있다. 작더라도 딱 한번, 성공의 경험을 맛보면 방법이 보인다.

2020년 1월, 쇼핑몰에 처음 상품을 등록하고 3일 만에 첫 주문을 받았다. 만약 3일이 아닌 3개월 만에 주문을 받았다면 난 쇼핑몰을 지속하지 못했을 수도 있다. 감사하게도 단기간에 작은 성공을 맛보고 가능성을 확인했다. 그 덕분에 포기하지 않을 수 있었다.

자본주의 시장에서 돈을 벌려면 무조건 무언가를 팔아야 한다. 생필품, 화장품, 주방용품 등의 물품은 기본이고 서비스, 콘텐츠 등 무형의 것도 판매라는 행위를 통하지 않고는 돈을 벌 수 없다. 소비자의 돈은 판매자의 주머니에 들어간다고 생각하면 된다.

오프라인으로 식당을 운영한다면 많은 준비와 자본이 필요하다. 유동 인구를 파악하고, 메뉴, 식기, 식자재, 레시피 등을 준비해야 하며, 보증금, 인테리어, 월세, 인건비, 전기세, 수도세 등 매월 지출해야 할 고정비용과 유지비용이 든다. 게다가 아무리 준비를 완벽하게 했다 하더라도 코로나처럼 예상치 못한 상황과 마주치면 방법이 없다. 자칫하면 평생 모은 돈을 한순간에 날릴 수도 있다.

반면 온라인 매장은 다르다. 일단 초기 비용이 발생하지 않는다. 컴퓨터만 있다면 내가 있는 곳이 사업장이 된다. 인테리어를 할 필요도 없고 정기적으로 발생하는 비용도 없다. 사업자등록증, 통신판매업신고증만 준비하면 전 세계 어디에서든 상품을 팔고 돈을 벌 수 있다.

그렇다면 판매는 어떤 방법으로 이뤄질까? 스마트스토어에 입점하면 네이버라는 대기업에서 수천만 명의 소비자를 대상으로 내 상품을 무료로 노출시켜준다. 그저 우리는 네이버가 요구하는 방식에 맞춰 상품을 등록하기만 하면 된다. 그리고 주문이 들어오면 판매 후 수익의 일부만 네이버에 수수료로 지불하면 된다. 판매자 입장에서 손해 볼 일은 전혀 없다.

사람들은 진입 장벽이 낮은 만큼 경쟁이 치열해 돈을 벌기 힘들다고 말한다. 항상 레드오션이 아닌 블루오션을 찾는다. 그럼, 한 가지 질문을 해보자. 대중에게 알려지지 않고, 경쟁이 적을 때 시작하면 무조건 돈을 벌 수 있을까? 2000년, 옥션이라는 쇼핑몰이 국내 최초로 오픈했다. 그 당시 쇼핑몰은 블루오션이었다. 그런 옥션에서 판매자로 활동했던 이들은 엄청난 돈을 벌었을까? 2014년, 스마트스토어의 초기 모델인 스토어팜이 만들어졌다. 그때 시작한 판매자 모두 만족할 만한 수익을 냈을까? 경쟁이 치열하지 않을 때 시작했다고 해서 돈을 버는 것도 아니고, 경쟁이 치열하다고 돈을 못 버는 것도 아니다.

온라인 시장은 시간과 비례해서 돈을 버는 구조가 아니다. 알고리즘은 계속 진화하고 트렌드는 수시로 바뀐다. 오늘 1등이던 상품이 내일 100등이 될 수 있다. 후발주자라도 알고리즘과 소비자의 니즈만 파악할 수 있다면, 지금 시작해도 5년 전 쇼핑몰을 시작한 사람보다 더 많은 돈을 벌 수 있다.

유튜브 시장을 한 번 살펴보자. 현재 레드오션이라고 말하지만 결국 초기보다 수십 배, 수백 배 더 커졌다. 그만큼 기회가 더 생겼다. 어떤 일이든 본인이 가진 경쟁력이 중요하지, 시장의 경쟁력은 중요하지 않다. 콘텐츠가 있고 끼 있는 사람이라면 지금이 유튜브 하기 가장 좋은 시기다. 자기 자신이 경쟁력을 갖추면 세상이 전부 블루오션으로 보인다. 레드오션이냐 블루오션이냐를 판단하는 것은 오직 나의 마음가짐과 실천에서 결정된다.

02

수많은 사람이
포기하는 이유

많은 사람이 유튜브로 재테크나 돈 버는 방법을 찾아본다. 말 잘하
고 괜찮은 유튜버를 만나면 구독하고 영상을 정주행한다. 그리고
조금 더 체계적으로 배우고 싶으면 유튜버가 진행하는 유료강의를
수강한다. 강의를 들을 때는 의욕이 샘솟는다. 강사가 설명하는 대
로 하면 쉽게 돈을 벌 수 있을 것 같다. 하지만 막상 실전에 돌입하
면 생각보다 어렵고 시간도 많이 걸린다. 예상한 기간 안에 원하는
성과가 나오지 않으면 중간에 그만둔다. 그리고 또 다른 유튜브를
보고 마음에 드는 유튜버를 만나면 유료강의를 듣는다. 조금 더 쉽
고 빠른 방법을 찾기 위해 이런 실패를 반복하며 시간과 돈을 허비
한다.

쇼핑몰도 마찬가지다. 모든 사람이 쇼핑몰로 성과를 내는 건 아니다. 시작한 사람 중 80%는 6개월을 넘기지 못하고 포기한다. 남아 있는 20%가 포기한 80%의 사람들의 몫까지 돈을 번다. 사람들은 무슨 이유로 중간에 포기할까? 지금까지 많은 수강생을 가르치며 그들이 어떤 이유로 포기하는지 알게 됐다.

첫째, 간절함이 부족해서이다. 대부분 직장 생활을 하며 부업으로 쇼핑몰을 시작한다. 본업에서 돈을 벌고 있기 때문에 부업에 대한 간절함이 적다. 그냥 가볍게 해보고 안 되면 그만한다는 생각으로 한다. 간절하지 않은 사람은 간절한 사람을 이길 수 없다.

나 역시 마이너스통장이 한도까지 차지 않았다면, 월세살이를 하지 않았다면, 돈이 없어 힘들게 살지 않았다면 쇼핑몰을 하지 않았을 것이다. 지긋지긋한 가난에서 벗어나고 싶은 마음, 부모님을 도와주고 싶은 간절함이 있었다. 그 간절함이 힘든 상황에서도 꿋꿋하게 쇼핑몰을 지속할 수 있는 원동력이 됐고 지금의 나를 만들었다.

둘째, 확신이 없기 때문이다. 퇴근 후 피곤한 몸을 이끌고 상품 등록을 하는데 팔릴지 안 팔릴지 모른다. 회사는 1달 버티면 월급이라도 나오지만, 쇼핑몰은 잠을 줄여가며 열심히 해도 매출이 얼마나 나올지 알 수 없다. 몇 개월은 막막함과 외로움을 참아 내야 한다. 모든 일에는 배우고 적응하는 데 시간이라는 것이 필요한 법이다.

특히 똑똑한 사람일수록 불확실한 것보다 확실한 것을 좋아한다. 하지만 우리 인생은 확실한 것보다 불확실한 것이 훨씬 많다. 주식, 부동산, 가상화폐 등 투자 세계에도 100%란 존재하지 않는다. 만약 확실한 걸 원한다면 아무것도 투자하지 말고 은행에만 돈을 맡겨야 한다. '하이 리스크 하이 리턴'이라는 말이 있다. 불확실성이 클수록 얻을 수 있는 이익도 크다는 뜻이다. 불확실한 것을 확실한 것으로 만드는 것이 실력이다. 그리고 이 실력은, 시간과 경험을 통해서만 만들어진다.

셋째, 단기간에 기대했던 성과가 나오지 않아서다. 오늘 상품 5개를 등록하면 내일 5건의 주문이 들어와야 하는데 현실은 그렇지 않다. 상품을 올려도 방문자도 없고 주문도 없을 수 있다. 그러면 점점 조급해진다. 몇 번 더 해보고 안 되면 '역시 나는 안 되는구나.' 하며 포기한다.

스마트스토어 시작 후 6개월 이내에 80%의 수강생이 포기했다. 안타까웠다. 하지만 한 가지 희소식은 포기하지 않는 20%가 나머지 돈을 다 벌고 있었다. 어느 정도의 임계점만 넘으면 새로운 세상이 보인다. 거기까지만 가면 월급 이상의 돈을 벌 수 있는 기회는 넘쳐난다. 포기한 80%의 사람은 포기하지 않은 20%가 누리는 경제적 여유를 구경할 수밖에 없다. 초등학교 6년, 중학교 3년, 고등학교 3년, 대학교 4년 총 16년을 공부한 다음 엄청난 취업난을 뚫고 입사한다. 그렇게 받는 첫 월급이 세후 300만 원 정도 된다. 16년이라는 긴 시간을 투자해 월 300만 원을 받는데, 쇼핑몰은 시작한 지 3개월 만에 월 300만 원의 수익을 얻길 원한다. 이건 욕심이다. 쇼핑몰은 단기간에 승부를 걸기보다 부업이라 생각하고 꾸준히 지속하는 게 중요하다.

넷째, 어떻게 해야 할지 방향을 못 잡아서다. 유튜브에 떠돌아다니는 영상 몇 개 보고 스마트스토어를 시작한다. 기본적으로 유튜버는 유익한 정보를 제공하기에 앞서 구독자 수와 시청 시간을 늘려 수익을 내고자 하는 목적이 크다. 물론 대중이 필요로 하는 정보를 제공할 때도 있지만 조회 수를 고려한 영상을 만드는 유튜버가 훨씬 많다. 유튜브 영상을 보고 시작은 할 수 있지만, 방향성을 갖고 꾸준히 하기가 어렵다.

나는 스마트스토어 유료강의를 정말 많이 들었다. 배우는 데 돈을 써야 그만큼 돈을 벌 수 있다고 믿는다. 내가 잘 모르는 분야를 처음부터 공부하려면 많은 시간이 걸린다. 유튜브나 블로그를 통해 얻은 정보는 사실인지 아닌지 검증하기 어렵다. 차라리 검증된 강사에게 돈을 내고 처음부터 체계적으로 배우는 것이 더 효과적일 수 있다. 내가 겪을 시행착오를 줄이고 시간을 절약할 수 있다면, 돈을 쓰는 것이 내게 더 이득일 수 있다.

조금 더 이해하기 쉽게 네팔 히말라야 안나푸르나까지 등산한다고 해보자. 안나푸르나 베이스캠프가 있는 해발 4,130m까지 걸어가려면 엄청난 시간과 노력이 필요하다. 일반인의 경우 매일 10시간씩 1주일 동안 걸어야 도착할 수 있는 거리다. 평소 등산을 잘 하지 않는 사람은 베이스캠프에 도착하기 전에 포기할 수도 있다. 그런데 베이스캠프까지 3시간 만에 갈 수 있는 케이블카가 있다면 어떨까? 단, 비용은 100만 원을 내야 한다. 돈을 내고 베이스캠프까지 빠르게 갈 것인가, 아니면 고생하더라도 돈을 아끼기 위해 걸어갈 것인가? 히말라야를 등반하려면 베이스캠프부터가 본게임이다. 여기서부터 진짜 시작이다. 돈을 아끼기 위해 밑바닥부터 차근차근 올라가면 많은 시행착오를 겪을 뿐 아니라 시간과 노력이 많이 든다. 안나푸르나 정상까지 가는 것이 목적이라면 베이스캠프까지는 무조건 빠르게 가는 것이 좋다.

사람들은 돈이 아까워 독학으로 공부한다. 그러나, 강의 비용만큼 돈은 아낄 수 있지만 그만큼 내 시간을 잃게 된다. 시간은 돈이다. 누군가 내가 가려는 길을 먼저 가봤다면, 그리고 그 분야에서 어느 정도의 성과를 낸 사람이라면, 돈을 지불함으로써 시간을 아끼고 제대로 된 방향으로 갈 수 있다. 사람들은 돈은 벌고 싶어 하지만 돈 쓰는 데는 인색하다. 돈을 쓰면 시간을 살 수 있고 돈을 아끼면 시간을 써야 한다.

03

쇼핑몰로
돈 버는 사람들의 유형

돈 버는 방법은 정말 다양하다. 수학처럼 한 가지 정답만 있는 것이 아니다. 쇼핑몰을 하며 많은 사람을 만났는데 돈 버는 사람들은 그들만의 스타일이 있다. 주식으로 큰 부를 이룬 사람도 자신만의 투자 철학이나 스타일이 있다. 가치 투자, 기술적 투자, 매크로 투자, 퀀트 투자, 패시브 투자 등 이름도 방식도 다르지만, 어느 정도 수준만 넘으면 어렵지 않게 돈을 번다.

쇼핑몰로 돈 번 사람들도 대략 여섯 가지 스타일로 나뉜다.

첫째, 상품 등록을 많이 하는 판매자다. 상품 수가 많으면 많을

수록 소비자에게 노출될 확률이 높다. 노출이 잘되면 소비자가 선택하는 빈도도 높다. 매번 상품을 등록할 때 직접 사진을 찍거나 상세페이지를 만들면 시간이 많이 걸린다. 그래서 도매 사이트에서 제공해주는 이미지와 상세페이지를 그대로 복사해서 사용한다. 일단 상품을 많이 등록해두고, 그중 주문이 잘 들어오는 상품이 생기면 공장에서 사입해 재고를 두고 판매한다. 이는 내가 쇼핑몰로 성공했던 방식이다. 상품을 처음 등록할 땐 팔릴지 안 팔릴지 알기 어렵다. 그래서 일단 상품을 여러 개 등록하고 주문이 들어오면 그 상품에 조금 더 집중하는 스타일로 쇼핑몰을 운영했다.

둘째, 이미지를 직접 만드는 판매자다. 누구나 사용할 수 있는 도매 사이트 이미지를 쓰지 않고 직접 제품을 구매해 사진을 찍는다. 제품 상세페이지도 소비자들이 좋아할 만한 요소를 분석해서 만든다. 제품의 기능이 돋보이는 동영상을 만들고 포토샵으로 예쁜 이미지를 만든다. 이 상품을 본 소비자를 어떻게든 설득해서 제품을 구매하게 만든다. 차별화된 이미지와 상세페이지를 만드는 데 시간은 많이 걸리지만, 한번 만들어놓으면 그만큼 다른 상품과 달라 보여서 소비자의 선택을 받기 쉽다.

셋째, 대량 등록 프로그램을 사용하는 판매자다. 개발자가 만든 대량 등록 프로그램을 통해 도매 사이트에 있는 수천 개에서 수만 개의 상품을 본인 쇼핑몰에 자동으로 등록한다. 프로그램 사용은 어렵지 않다. 도매 사이트에서 제공해주는 동영상을 보고 그대로 따라 하면 누구나 할 수 있다. 주문을 받으면 도매 사이트에 들어가 결제한다. 60대 초반에 공무원 퇴직 후, 대량 등록 프로그램으로 월 매출 1억 원을 낸 사람도 있다.

넷째, 중국에서 수입하는 판매자다. 온라인에서 유통되는 대부분의 상품은 Made in China다. 한국보다 중국에서 생산하는 제품이 훨씬 많고 종류도 다양하다. 소비자는 쇼핑할 때 제조국을 잘 보지 않는다. 제품이 예쁘거나 리뷰가 많으면 그냥 산다. 국내 쇼핑몰에서 1만 원에 판매되는 앞치마를 중국 사이트에서 사면 2,000원 안팎이다. 겨울철에 많이 쓰는 가습기도 국내 쇼핑몰에는 15,000원에 판매되고 있지만, 중국 사이트에는 4,000원에 판매되고 있다. 단가가 저렴한 중국 제품을 수입해서 국내에서는 비싸게 판매한다.

다섯째, 자체 브랜드를 만드는 판매자다. 연 매출 30억 원 이상 되는 판매자는 자체 브랜드를 가지고 있다. 공장에서 미리 만들어 놓은 공산품이 아닌 주문 제작으로 자신만의 상품을 제작하는 것이다. 자체 상품을 만들려면 최소 주문 수량(MOQ)이 있다. 적게는 몇백 개에서 몇만 개까지 주문해야 공장에서 생산해준다. 그만큼 초기 자본금이 많이 든다. 대기업 제품이 아닌 이상 자체 브랜드를 제작해도 소비자는 그 브랜드를 모른다. 그런 경우 적극적으로 마케팅을 한다. 인플루언서에게 대가를 지불하고 홍보를 부탁하거나, 유명 연예인에게 협찬을 맡길 수도 있다. TV, 신문, SNS, 유튜브 등 다양한 채널을 통해 소비자에게 브랜드를 알리려고 노력한다. 만약 홍보가 잘 되면 엄청난 돈을 벌지만, 홍보가 안 되면 망할 수도 있다.

이 외에도 내가 모르는 방법으로 돈 버는 사람들이 있을 것이다. 어떤 방법이 됐든 결국은 본인만의 노하우를 만드는 것이 중요하다. 그 노하우는 다른 사람이 알려줘서 아는 것이 아니라, 직접 해보면서 만들어가야 한다.

6

부의 변곡점을
지나다

01
—
스마트스토어:
상위 1%로 만들어주는 도구

스마트스토어는 누구나 할 수 있는 부업이다. 아직 쇼핑몰을 하지 않고 있는 사람에게 쇼핑몰 하는 사람이 대단해 보일 수 있지만, 누구나 마음만 먹으면 하루 만에 온라인에 내 상점을 만들 수 있다. 어렵거나 돈이 드는 것도 아닌데 사람들은 시작하길 두려워한다.

앞서 설명한 바와 같이 온라인 사업은 무자본, 무재고 창업이 가능하다. 오프라인에서 건물주가 되려면 막대한 돈이 필요하지만, 온라인에서는 돈 없이도 건물주가 될 수 있다. 시스템만 잘 만들어 놓으면 리스크 없이 현금 흐름을 만들 수 있다. 포토샵 같은 편집 기술을 몰라도 된다. 퇴근 후 1~2시간의 시간만 할애할 수 있다면 시작할 수 있다. 책상에 앉아 상품을 등록하고 주문이 들어오면 도매 사이트에 접속해 결제만 하면 된다. 처음에는 어렵게 느껴질 수 있지만 몇 번 하면 금방 익숙해진다.

월급만으로 부자 되는 건 거의 불가능하다. 누구나 이 사실을 안다. 부자가 되려면 사업을 하거나 투자를 하거나 근로 소득 외의 소득이 있어야 한다. 솔직히 투자를 잘하긴 어렵다. 주식이나 부동산으로 꾸준히 돈을 버는 건 특별한 사람의 이야기다. 평범한 사람이 한두 번 투자에 성공할 수 있어도 꾸준히 성공하는 건 결코 쉬운 일이 아니다.

그러나 사업은 투자만큼 어렵지 않다. 특히 온라인 사업은 투자금이 들지 않는다. 고정비도 없다. 온라인에 상점을 열고 상품을 진열해서 팔면 된다. 만에 하나 판매가 안 되더라도 잃을 것은 없다. 시간만 들이면 돈 없이 할 수 있는 사업이 쇼핑몰이다. 사업자 등록부터 통신판매업 신고, 스마트스토어 입점까지 2~3일이면 충분하다. 이 단계까지는 조금만 찾아보면 누구나 할 수 있다.

우리나라 인구가 약 5,000만 명이라고 하면 쇼핑몰에 입점해 상품을 판매하는 사람은 50만 명밖에 안 된다. 즉, 쇼핑몰에 입점하는 순간 대한민국 상위 1% 범주에 들게 된다. 평범한 사람이 한순간에 상위 1% 안에 들게 되고 소비자에서 생산자로 역할이 바뀌게 된다. 50만 명의 판매자가 5,000만 명에게 상품을 판매하고 있기 때문에 지금이라도 시장성은 충분히 있다.

나는 쇼핑몰 하기 전 아내와 맞벌이를 했다. 아침 9시부터 오후 6시까지 각자의 직장에서 열심히 일했다. 그리고 월급 중 100만 원은 매달 저축했다. 100만 원이라는 돈을 저축하기 위해 허리띠를 졸라맬 수밖에 없었다. 그렇게 1년 동안 1,200만 원을 모았다. 만약 10년을 맞벌이로 저축한다면 약 1억 2,000만 원을 모을 수 있다. 하지만 집값은 1년에 1~2억씩 오른다. 10년 동안 맞벌이해서 열심히 돈을 모아도 1년 치 집값 상승분도 안 된다. 월급을 저축해서 돈을 모으는 데 확실히 한계가 있다. 그 한계를 벗어나고자 발버둥 치다 만난 것이 쇼핑몰이었다. 쇼핑몰을 하고 최소 4억 원 이상의 돈을 벌었다. 근로 소득으로 4억 원을 벌려면 아내와 30년 이상 맞벌이해야 저축할 수 있는 돈이다.

돈을 많이 벌고 싶으면 그만큼 벌 수 있는 일을 해야 한다. 본인이 가진 직업이 수입 측면에서 열심히 한 만큼 보상받을 수 있다면 승부를 걸어도 된다. 하지만 대부분의 직장인은 아무리 열심히 해도 월급이라는 숫자에 막혀 있다. 연봉의 10~20%는 더 받을 수 있을지 몰라도 연봉의 2~3배를 받는 건 불가능하다. 이쯤 되면 무엇을 선택해야 하는지 답이 나왔다고 생각한다. 기회는 지금도 열려 있다. 잡기만 하면 된다.

02

온라인 강의 & VOD:
확장성의 끝판왕

쇼핑몰 시작 3개월부터 강의를 시작했고, 1년이 지나면서 1:1 컨설팅도 진행했다. 처음 강의를 할 때는 월급 외의 수입이 생겨서 좋았다. 하지만 어느 순간 강의와 컨설팅이 많아지면서 조금씩 힘들어졌다. 1주일에 강의와 컨설팅을 15회 이상 하다 보니 목도 아프고 시간적 여유도 없어졌다. 돈을 많이 벌어서 좋았지만, 매일 피로감을 느꼈다.

어떻게 하면 일은 줄이면서 더 많은 돈을 벌 수 있을까 고민하다 강의 녹화본을 판매해보자는 생각까지 뻗어 나갔다. 매번 라이브로 강의하지 않더라도 녹화본을 만들어 제공하면 누구나 보고 싶을 때 볼 수 있으니 수강생에게도 좋을 것 같았다. 그리고 수강생이 하는 질문은 2주에 한 번, 정해진 시간에 답하기로 했다.

그런데 영상을 녹화했지만 정작 홍보할 방법이 없었다. 당시에는 유튜브도 하지 않고 블로그에 유입되는 사람도 없었다. '들이대 정신'을 발휘해 국내 쇼핑몰 카페 중 3위 안에 드는 대형카페 운영자에게 연락했다. 수강생을 모집해주면 수강료 중 일부를 수수료로 줄 테니 같이 협업하자고 제안을 했다. 너무 많은 사람이 들으면 희소성이 떨어지니 매달 선착순 20명만 강의를 들을 수 있게 했다. 결과는 대성공이었다. 매월 1일, 20명의 정원이 꽉 찼다. 그 덕분에 VOD로 월 1,000만 원 이상의 수입을 얻었다.

이처럼 돈을 벌려면 확장성이 있어야 한다. 노동만으로 돈을 버는 건 한계가 있다. 예를 들어 시간당 2만 원 받는 사람이 하루에 18시간씩 일하면 36만 원을 벌 수 있다. 30일 동안 매일 18시간씩 일하면 월 1,080만 원을 번다. 이 사람은 월 1,000만 원을 벌기 위해 개인 시간은 다 포기해야 한다. 친구를 만나거나 가족과 시간 보낼 여유조차 없다. 잠을 자거나 취미생활을 하는 것도 불가능하다. 돈을 위해 몇 달 정도는 이렇게 일할 수 있어도 장기간 하긴 힘들다. 몸이 아파서 일을 못하게 되면 소득은 0원으로 떨어진다. 이처럼 근로 소득은 사업 소득과 달리 확장성이 없다.

사업은 시스템만 만들면 확장이 가능하다. 내가 가진 노하우를 직원에게 알려주고 그 직원이 나만큼 성과를 낼 수 있다면, 내가 없어도 사업은 굴러간다. 내가 없으면 안 되는 것이 장사라면, 내가 없어도 되는 것이 사업이다. 장사와 사업, 한끗 차이 같지만 어마어마한 차이가 있다. 우리는 돈 많은 사람을 부자라 부른다. 하지만 돈이 많다고 모두가 경제적 자유를 누리는 건 아니다. 경제적 자유란 물질적, 시간적으로 모두 자유를 이루는 것이다. 노동을 하거나 장사를 하면 경제적 자유를 누리기 힘들다. 왜냐면 내가 계속해서 일을 해야 하기 때문이다. 그래서 나는 장사꾼이 아닌 사업가가 되고 싶었다. 매일 8시간씩 강의와 컨설팅을 하는 근로자가 아닌, 8시간짜리 녹화 영상을 만들어 VOD를 판매하는 사업가가 되는 것이 훨씬 더 효과적이라 생각했다.

다시 한번 강조하지만, 돈을 벌기 위해 반드시 필요한 것 중 하나는 '확장성'이다. 쇼핑몰은 확장성이 가능하다. 하나의 상품을 올려 100명, 1,000명에게 팔 수 있다. 유형의 상품뿐만 아니라 강의, 컨설팅 등 무형의 상품도 가능하다. 무엇이 되었든 확장할 수 있다면 벌어들이는 금액의 한계가 없어진다.

03
—

전자책:
또 하나의 블루오션 시장

유튜브를 시작하고 2개월쯤 됐을 때 구독자로부터 많은 질문성 댓글을 받았다. 네이버에 검색하면 나오는 정보임에도 불구하고 내 대답을 듣고 싶어 하는 것 같았다. 한 영상마다 수십 개에서 수백 개의 질문이 올라왔다. 대부분 비슷한 질문이었다. 어떻게 하면 구독자의 질문에 효과적으로 답할 수 있을까 고민하다가 내가 가진 노하우를 영상이 아닌 글로 풀어내면 좋을 것 같았고, 곧장 전자책 쓰기에 돌입했다.

내가 직접 부딪히며 경험한 과정과 노하우를 A4용지 100장에 담았다. 그리고 2021년 11월, 『빅파워셀러의 비밀노트: 스마트스토어 부업으로 월 300 버는 법』이라는 제목으로 스마트스토어를 통해 판매를 시작했고(혹, 내용이 궁금하다면 네이버에서 '돈형님스토어'를 검색하면 된다). 20일 만에 1억 4,000만원의 수입이 발생했다. 전자책은 마진율이 100%인 무형의 상품이라 판매로 일어난 매출이 곧 내 수익이었다. 평소 글쓰기가 몸에 밴 사람이 아닌지라 전자책 쓰는 과정이 힘들었다. 하지만 원고를 다 쓰고 PDF를 스마트스토어에 올린 순간부터 별다른 노력 없이 꾸준히 돈 벌 수 있는 시스템을 갖췄다.

2년 전『결혼 7년 차, 나는 아직 연애 중입니다』라는 책을 출간했다. 원고 작성만 1년 이상 걸렸다. 많은 시간과 노력을 쏟아 출간한 첫 책이었지만 아쉽게도 대중에게 선택받지 못했다. 지금까지 1,000권도 팔리지 않았으니 말이다. 작가가 되어 월 1,000만 원의 강의료를 받는 꿈을 꾸며 야심 차게 준비했지만, 책을 판 인세는 100만 원이 되지 않았다. 내가 쏟은 노력에 비해 너무도 초라한 금액이었다.

반면 전자책은 달랐다. 쓰기도 쉽고 수익은 더 좋았다. 내가 하고 싶은 이야기를 글로 써서 PDF로 만들면 끝이었다. 출판사에 제안서를 낼 필요도, 편집자를 거쳐 교정을 거칠 필요도 없었다. 블로그에 포스팅하듯 정보를 요약해서 필요한 사람에게 판매하면 됐다. 컴퓨터만 있으면 언제 어디서든 쓰고 판매할 수 있는 것이 전자책의 장점이었다.

많은 사람이 전자책으로 쓸 주제가 없다고 말한다. 하지만 조금만 생각해보면 주제는 무궁무진하게 많다. 예를 들어 어린 아이를 키우는 엄마라면 이유식 만드는 방법을, 직장인은 엑셀이나 PPT 만드는 방법을, 여행을 좋아하는 사람은 여행코스를 주제로 삼으면 된다. 너무 쓸 거리가 없다면 인터넷에 돌아다니는 정보를 취합해도 된다. 가령 구글에 도매 사이트를 검색하면 수백 개가 나온다. 여기서 신발 도매 사이트, 가방 도매 사이트, 우산 도매 사이트를 엑셀로 정리해 도매 사이트를 필요로 한 사람에게 팔아도 된다. 이 외에도 양질의 정보를 요약만 할 수 있다면 전자책으로 만들 수 있다. 종이책은 A4 기준으로 최소 80장 이상 써야 하지만 전자책은 페이지 제한이 없다. 5페이지만 써도 괜찮다.

사람들은 왜 전자책을 살까? 그 이유는 시간을 절약하기 위해서이다. 책 읽을 시간 없이 바쁜 현대인들은 150페이지가 넘는 종이책을 읽기 부담스러워한다. 그들은 누군가가 짧게 요약해놓은 내용을 통해 내가 가진 문제를 빨리 해결하고 싶어 한다. 블로그나 유튜브에도 많은 정보가 있지만 내가 필요한 핵심적인 내용을 찾으려면 시간이 걸린다. 돈보다 시간을 중요하게 여기는 사람에게 전자책은 최고의 솔루션이 될 수 있다.

전자책을 썼다면 팔아야 한다. 크몽, 탈잉, 클래스101, 텀블벅, 와디즈 등 인터넷에 검색하면 판매할 수 있는 다양한 플랫폼이 나온다. 그곳에 본인이 쓴 전자책에 대한 설명과 원하는 가격을 설정해서 팔면 된다. 1만 원짜리 전자책을 하루에 3명에게만 팔아도 1달이면 90만 원의 부수입을 벌 수 있다.

04

유튜브:
특별한 사람으로 만들어주는 플랫폼

처음 유튜브를 시작한 건 2019년 10월이었다. 어떻게 하면 월급 이외의 수입을 만들 수 있을까 고민하던 중 지인에게 유튜브 광고 수익이 엄청나다는 이야기를 들었다. 그리고 무작정 유튜브를 시작했다. 삼각대도 없이 벽면에 휴대폰을 세워두고 촬영했다. 기획이나 컨셉 따위는 없었다. 내가 하고 싶은 이야기를 했다. 그렇게 처음 업로드한 영상은 조회 수 100을 넘지 못했다.

어떻게 하면 조회 수를 높일 수 있을까 고민하고 또 고민했다. 사람들이 관심 가질 만한 콘텐츠를 다루면 좋을 것 같았다. 그게 바로 '주식'이었다. 직장 생활하며 주식에 항상 관심이 있었고, 직접 해 본 경험도 있으니 자연스럽게 이야기할 수 있을 것 같았다. 때마침 메리츠자산운용의 존 리 대표가 여러 매체를 통해 주식전 도사로 활동하고 있어 타이밍도 좋았다.

존 리 대표는 여러 채널에 나와서 이렇게 말했다.

"주식은 파는 것이 아니라 사는 것입니다."
"커피 값 아껴서 커피 만드는 회사 주식 사세요."
"자동차는 감가상각이 크니 차 살 돈으로 주식 사세요. 저도 지하철 타고 다닙니다."
"제발 아이들 사교육 시키지 마세요. 그 돈으로 주식 사세요."

현실적으로 실천하기 힘든 이야기였다. 친구와 커피 한 잔 마 실 수 있고, 출퇴근하려면 당연히 차가 있어야 하는데 앞뒤 다 자 르고 주식 투자만 권장하는 것 같았다. 그래서 존 리 대표의 주장 에 반박하는 영상을 찍었다. 평소 조회 수가 100을 넘지 않았는데 이번 영상은 며칠 만에 조회 수가 3만이 넘었다. 구독자도 하루 만 에 300명까지 늘었다.

유튜브에서 광고 신청을 하려고 하니 구독자 1,000명, 영상 총 시청 시간이 4,000시간이 넘어야 한다고 했다. 존 리 대표를 반박 하는 영상처럼 사람들이 반응할만한 콘텐츠를 찍으면, 조회 수도 많이 나오고, 구독자도 쉽게 모을 수 있을 것 같았다.

그러던 어느 날 영상에 댓글이 하나 달렸다. "정 과장 여기서 왜 이러고 있나. 본업에만 충실하는 게 좋을 듯." 프로필을 확인하니 익숙한 이름이었다. 다름 아닌 내가 다니는 회사 대표였다. 심장이 마구 뛰었다. 유튜브 한다고 회사에서 잘리는 건 아닌가 두려워졌다. 아직 광고 수입도 받아본 적 없는데 겸업한다고 잘리면 생계가 위험해질 것 같았다. 즉시 영상을 비공개로 돌리고 이전 영상은 모두 삭제했다. 나중에 알고 보니 부서 팀장이 사장 이름으로 댓글을 단 것이었다.

유튜브를 접고 싶지는 않았다. 하지만, 또 다시 가슴 졸이는 상황을 만들지 않기 위해 목소리만 나오는 영상을 만들었다. 조회 수는 50도 안 됐고, 영상 2개를 더 찍었지만, 구독자는 1명도 늘지 않았다. 내 머릿속은 온통 '어떻게 하면 사람들이 좋아할 만한 콘텐츠를 만들 수 있을까?'라는 생각으로 가득했다.

그러던 어느 날 친구와 시장에서 국수와 유부초밥을 먹는데 지금까지 먹어본 맛과 많이 달랐다. 어떻게 만드는지 궁금했다. 그때 문득 든 생각이 사람들에게 음식 만드는 과정을 영상으로 찍어서 보여주면 좋을 것 같았다. 영상 촬영을 위해 카메라가 있는 지인을 섭외하고 다음 날부터 시장을 돌아다니며 음식 만드는 과정을 촬영했다. 1주일에 1~2개씩 시장에서 파는 떡볶이, 떡, 빵, 통닭, 삼겹살 만드는 과정을 촬영했다. 확실히 이전 영상보다 조회 수가 많이 나왔다. 하지만 내가 좋아하는 분야가 아니라 재미가 없어 지속하기 힘들었다. 결국, 영상은 10개 정도 올리고 채널을 접었다.

유튜브를 하면서 3번이나 망했다. 그리고 2021년 10월 1일 4번째 유튜브 채널을 만들었다. 이번에는 초보자에게 쇼핑몰 하는 방법을 알려주는 컨셉으로 정했다. 그게 지금의 채널 〈돈버는형님들〉이다. 시청자 타깃을 정하고 영상을 찍으니 1달 만에 구독자 1만 5,000명이 모였다. 예전과는 차원이 다른 속도였다. 특정 영상은 조회 수가 32만 회를 넘었다. 영상이 많아지면서 구독자도 4개월 만에 4만 명이 됐다.

유튜브를 시청만 할 때는 몰랐는데 유튜버가 되니 새로운 세상이 보였다. 특히 광고 수입이 상당했다. 유튜브 채널을 만들고 첫달 광고 수입이 100만 원, 두 번째 달은 230만 원, 세 번째 달부터 250만 원 이상 나왔다. 10분 내외의 영상을 1달에 5~6개 촬영하고 직장인 월급을 벌었다. 채널이 성장하면서 협찬 문의도 많이 받았다. 제품이나 사이트를 소개해주고 영상 한 편당 대기업 신입사원 월급을 받았다. 구독자가 4만 명밖에 되지 않지만 광고 수익과 협찬으로 월 1,000만 원을 벌게 됐다. 구독자가 몇백만 명 되는 유튜버는 얼마나 벌까 궁금해졌다.

전 세계 유튜브 수익 1등을 알아보니 〈MrBeast〉 채널을 운영하는 지미 도널드슨이었다. 오징어게임 실사판 세트장을 만들어 화제를 모았던 유튜버. 2021년 유튜브로 약 641억 원을 벌었다고 한다. 한 달로 계산하면 78억 원 정도 된다. 노동 소득만으로 한 달에 78억을 버는 것이 불가능하지만 유튜브는 가능케 만들었다. 2022년 3월 기준 구독자 수는 9,100만 명으로 대한민국 인구의 2배 정도였다.

최근 유명 연예인이나 개그맨이 유튜브 시장에 많이 뛰어들었다. 그들이 유튜브를 하는 여러 목적이 있겠지만 대부분은 돈이다. 광고 수익과 협찬으로 버는 돈은 일반인이 상상하는 이상으로 많다. 대외 활동을 줄이더라도 유튜브를 열심히 하는 이유가 여기에 있다.

유튜브를 시청만 할 때는 유튜버들이 대단한 사람인 줄 알았다. 외모가 좋고 말을 잘하고 편집 기술이 뛰어난 사람만이 유튜브를 한다고 생각했다. 막상 내가 해보니 유튜브는 특별한 사람이 하는 것이 아니라 유튜브를 하면 특별한 사람이 되는 것이었다. 난 예전이나 지금이나 똑같은 외모에 똑같은 지능을 가지고 있지만, 유튜브를 하고 난 뒤 사람들이 날 보는 시선이 달라졌다. 유튜브를 시작하고 초등학교 동창, 대학교 후배, 직장 선배 등 많은 사람의 연락을 받으며, 유튜브의 영향력이 얼마나 대단한지 몸소 체험했다.

성인이라면 누구나 자신만의 이야기가 있다. 그걸 타인과 공유하면 나만의 콘텐츠가 된다. 유튜브를 하지 않는 사람은 영상을 촬영하고 편집하는 것이 어렵게 느껴질 수 있다. 나도 컴맹이라 영상 편집은 전혀 할 줄 모른다. 그래서 매번 휴대폰으로 촬영하고 편집은 외주를 맡긴다. 유튜브를 못 한다는 건 핑계일 뿐이다. 어떤 일이든 하고자 하면 길이 보인다.

05
—
오픈채팅방:
사람과 돈이 모인 무대

카카오톡(이하 카톡)은 국민 앱이다. 한국에 거주하는 사람이라면 누구나 카톡을 사용한다. 사회 활동을 많이 하는 사람일수록 여러 단톡방에 들어가 있다. 카톡의 기능만으로 월 1,000만 원을 벌 수 있다고 하면 몇 명이나 믿을까?

대부분의 사람은 누군가 만들어 놓은 카톡방에 들어가 필요한 정보를 얻는다. 쇼핑몰, 주식, 부동산, 코인, 취미 등 다양한 주제별로 존재한다. 우리가 참여하고 있는 오픈채팅방은 누군가가 만들어놓은 공간이다. 이런 오픈채팅방을 만들고 싶다면 클릭 4번만 하면 된다. 그리고 그 방의 방장이 될 수 있다. 나도 여러 오픈채팅방에서 들어가 눈으로만 보고 실제로 활동하지는 않았다. 그때그때 필요한 정보만 받았다.

그러던 어느 날 주식회사 돈버는형님들을 공동으로 창업한 기성준 대표가 오픈채팅방을 만들어 보라고 권유했다. 그게 2021년 6월이었다. 만들어서 뭐할까 싶었는데 일단 사람을 모아 놓으면 할 수 있는 일이 많다고 했다. 그래서 무심코 '정윤진의 경제적 자유방'이라는 오픈채팅방을 만들었다. 처음에는 나 혼자밖에 없었다. 당시에는 유튜브를 하고 있지 않아 오픈채팅방을 홍보할 방법이 없었다.

사람을 모으기 위해 블로그에 글을 썼다. 요즘 같은 시기에 블로그 하는 사람이 어디 있냐고, 늦어도 한참 늦었다고 말할지 모르지만 난 내가 할 수 있는 일부터 시작했다. 늦었다고 시작조차 안하는 것보다 지금이라도 시작하는 것이 낫다는 걸 경험적으로 알고 있었다. 블로그 하는 방법도 모른 채 1주일에 1개씩 글을 올렸다. 그리고 블로그 밑에 오픈채팅방 링크를 남겨뒀다.

블로그 상위 노출하는 방법을 모르고 무작정 글을 쓰니 하루 방문자가 10명이 되지 않았다. 내 블로그에 유입되는 사람이 많아야 오픈채팅방도 홍보할 수 있는데 유입이 없으니 점점 힘이 빠졌다. 며칠 고민하다 내가 참여하고 있는 여러 오픈채팅방에 블로그를 홍보하기로 했다. 오픈채팅방 규칙상 외부 링크를 올리면 방장에게 강퇴를 당한다. 그 사실을 알고 있었지만, 사람을 모으기 위해 어쩔 수 없었다. 블로그 링크만 올리면 아무도 안 볼 것 같아 사람들이 관심 가질만 한 제목으로 어그로를 끌었다. 블로그 글을 올리자마자 방장에게 강퇴를 당했다. 20개 이상의 오픈채팅방에 들어가 링크를 남기고 전부 강퇴를 당했다. 주식 리딩방을 홍보하는 사람 취급을 받았다. 더 들어갈 수 있는 채팅방이 없어졌다.

다음으로 카페를 공략했다. 쇼핑몰 관련 카페에 가입해서 열심히 글을 쓰고 내 블로그 주소를 남겼다. 이것도 카페 운영자에게 걸리면 강퇴를 당한다. 어떻게든 사람을 모으고 싶은 마음에 여러 카페에 가입하고 블로그와 오픈채팅방을 홍보했다. 그 덕분에 하루에 20~30명씩 블로그에 들어왔고 오픈채팅방에도 3~5명씩 들어왔다. 그리고 모든 카페에서 강퇴를 당했다. 무식한 방법이었지만 이렇게라도 사람을 조금씩 모았다.

"공예가, 사진작가, 음악가, 디자이너, 작가, 애니메이터, 앱 제작자, 기업가, 발명가로 살아가기 위해 당신에게 필요한 건 1,000명의 진정한 팬뿐이다."

_ 팀 페리스, 『타이탄의 도구들』 중에서

1,000명의 진정한 팬이 있으면 연 수입 1억 2,000만 원은 벌 수

있고 먹고 사는 데 문제없다고 한다. 그만큼 미래의 잠재적 고객을 확보해놓으면 할 수 있는 일이 많다는 뜻이다. 이 말을 무작정 믿고 행동했다. 그렇게 열심히 홍보한 결과 1달 만에 100명의 인원을 모았다. 오픈채팅방에 있는 사람들에게 스마트스토어 무료특강을 하고 4주 유료강의를 소개했다. 적지 않은 수강료였지만 하루 만에 15명이 신청했다. 오픈채팅방을 만들고 1달 만에 1,000만 원 이상의 수입이 생겼다.

1,000만 원을 근로 소득으로 벌려면 3~4개월간 매일 회사에 출근해야 벌 수 있는 돈이다. 그런 돈을 일주일에 2시간씩 4주간 하고 벌었다. 어느새 시간당 100만 원 이상 받는 강사가 됐다. 이뿐만이 아니다. 내가 강의를 하지 않더라도 무대를 찾고 고객을 찾는 다른 강사와 콜라보를 통해 또 다른 수입원을 만들 수 있었다.

사람이 모여 있으면 할 수 있는 사업이 많다. 내가 방장이니 그 방에 있는 사람들에게 글이나 영상을 올려 홍보할 수 있고, 투표를 통해 대중의 의견을 들을 수도 있다. 오픈채팅방은 쉽고 빠르게 사람들과 소통할 수 있는 장점이 있다. 지금이라도 오픈채팅방을 개설해 하나의 주제로 꾸준히 글을 쓰고 사람을 모은다면, 훗날 그 방에 있는 사람들이 나의 콘텐츠나 제품을 구매해주는 팬이 될 수 있다.

눈에 보이는 것만 보는 사람들

▶

난 IQ가 100 밖에 되지 않는다. 평범한 사람보다 지능이 낮은 편이다. 그 덕분에 생각은 적게 하고 행동부터 했다. 남들이 볼 때 무식해 보여도 직접 해보고 시행착오를 겪으며 배웠다. 처음 스마트스토어를 시작할 때, 모르는 게 많아 무작정 내 시간을 갈아 넣었다. 돌이켜보니 어떤 일에 성과를 내려면 방법보다 태도가 더 중요하다는 걸 깨달았다. 더 좋은 방법, 더 효율적인 방법을 찾기보다 좋은 태도를 가지면 좋은 성과를 만들 수 있는 것 같았다.

스마트스토어 시작 5개월 만에 월 매출 1억 원을 넘겼고, 유튜브 시작 4개월 만에 구독자 4만 명을 만들었다. 전자책을 출간한지 20일 만에 1억 4,000만원의 수입이 발생했고 전자책을 출간하고 2주 만에 1억 5,000만 원의 매출을 달성했고, 오픈채팅방을 만들고

1달 만에 월 1,000만 원을 벌었다. 강의를 열면 하루만에 마감됐고, 동영상 강의 판매로 1달 만에 매출이 8억 원 이상 발생했다.

여기까지만 읽으면 하는 일마다 성과가 좋은 것처럼 보인다. 하지만 사람들이 모르는 이런 내가 되기까지 숨은 몇 가지 사실이 있다.

하나, 회사 다니며 부업으로 쇼핑몰을 시작할 초기에는 하루에 4~5시간밖에 잠을 못 잤다는 사실을 아는 사람은 없다.

둘, 유튜브 〈돈버는형님들〉 채널을 만들기 전 3번이나 채널이 망했었다. 영상을 업로드 할 때마다 조회 수 100을 넘지 못해 여러 번 좌절했다는 사실을 아는 사람은 없다.

셋, 강의를 잘하기 위해 수십 번도 넘게 대본을 읽고 또 읽었다. 강의 자료를 만들기 위해 책상에 너무 오래 앉아 있어 속옷에 구멍이 났다는 사실을 아는 사람은 없다.

넷, 라이브 강의를 할 때마다 긴장감으로 저녁을 먹지 못했고, 시작하기 전에 사람들에게 도움이 될 수 있게 해달라고 매번 기도했다는 사실을 아는 사람은 없다.

다섯, 전자책을 쓰기 위해 200번도 넘게 강의한 녹음파일을 듣고 또 들으며 자판으로 옮길 때의 지겨움과 괴로움을 아는 사람은 없다.

여섯, 오픈채팅방에 사람을 모으기 위해 수백 명에게 욕먹으며 묵묵히 링크를 공유했다는 사실을 아는 사람은 없다.

일곱, 주말 동안 1,000개가 넘는 주문 건을 처리하느라 임신한 아내와 밤새도록 택배 포장을 했다는 사실을 아는 사람은 없다.

여덟, 아내가 둘째 출산 후 조리원에 있을 때, 재고가 없어 하루에 300통 넘는 고객의 불만 섞인 전화를 받았다는 사실을 아는 사람은 없다.

아홉, 쌓아둔 재고에 대한 부담으로 두통이 생겨 MRI를 2번이나 찍었다는 사실을 아는 사람은 없다.

열, 품절된 상품을 구하기 위해 하루 동안 150통 넘는 전화를 했다는 사실을 아는 사람은 없다.

사람들은 내가 어떤 과정을 거쳤고, 어떤 노력을 했는지 잘 모른다. 과정보다 이미 이뤄낸 결과를 보고 판단하는 경향이 있다. 솔직히 난 운이 좋은 편이다. 하지만 그 운을 만들기 위해 부단히 노력했다.

쇼핑몰을 시작하고 두 달 정도 됐을 때였다. 새벽 2시쯤 상품을 등록하고 있는데 새벽에 화장실에 가려고 깬 아내가 책상에 앉아 있는 날 아무 말 없이 쳐다봤다. "내 남편이 돈 벌려고 정말 고생하네. 이 시간까지 잠도 안 자고 일하고 있네. 내일 출근도 해야 하는데 매일 저렇게 잠을 못 자서 어쩌지. 그러다 몸이라도 아프면 큰일인데……."라고 말하는 눈빛이었다. 날 불쌍하고 측은하게 보는 그 눈빛과 표정을 지금도 기억한다. 난 정말 간절했다. 가난을 벗어나고 싶었고 지긋지긋한 빚더미에서 탈출하고 싶었다. 그런 노력 덕분에 지금의 내가 될 수 있었다.

사람 사는 세상에 안 되는 일은 거의 없다. 된다고 믿고 하면 된다. 만약 안 되면 될 때까지 하면 결국은 된다. 안 되는 사람은 안 되는 핑계를 찾고 되는 사람은 되는 방법을 찾는다.

쇼핑몰로
월 100만 원부터
벌어보자

01

Before 1단계:
사업자등록증 발급하기

스마트스토어로 누구나 몇천만 원씩 벌 수 있다고 말하고 싶지 않다. 하지만 월 100만 원은 하느냐 안 하느냐의 문제이지 누구나 벌수 있다. 어떤 사람은 1달 만에 월 100만 원을 벌고 또 다른 사람은 3달 만에 월 100만 원을 번다. 사람마다 속도의 차이만 있을 뿐 누구나 월 100만 원은 본업이 아닌 부업으로 벌 수 있다고 믿는다.

쇼핑몰을 할지 말지 고민은 오늘이 마지막이다. 부의 변곡점은 행동한 사람에게만 찾아온다. 아무것도 모르는 사람도 이 책만 보더라도 쇼핑몰을 시작하고 상품을 등록할 수 있도록 설명할 테니 컴퓨터를 켜고 그대로 따라만 하면 된다.

처음 쇼핑몰을 시작한다면 네이버 스마트스토어로 시작하는 것이 좋다. 다른 쇼핑몰과 비교했을 때 수수료가 제일 낮고 정산 주기도 짧다. 그리고 국내에서 가장 많은 이용자가 사용하는 곳이므로 그만큼 기회도 많다.

PC로 국세청 홈페이지에 접속한다. 로그인 후, 메인화면에서 신청/제출 코너에 들어간다.

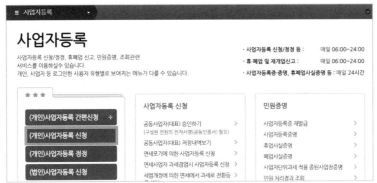

(개인)사업자등록 신청을 클릭한 후 간단한 인적사항 및 사업자 정보를 순서대로 입력한다.

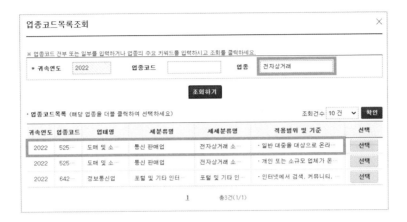

업종은 '전자상거래', 업종코드는 '525101'을 입력한다. 사업설명에는 '인터넷 쇼핑몰 운영'이라고 적는다.

사업장 정보는 집에서 하는 경우 집 주소를 적는다.

사업자 유형은 일반과세자와 간이과세자가 있다. 연 매출액

8,000만 원 이하라면 간이과세자, 그 이상일 경우 일반과세자를 선택한다. 이제 막 쇼핑몰을 시작한다면 간이과세자로 하는 것이 세금 측면에서 유리하다. 정보를 모두 입력하고 임대차 계약서를 등록하면 모든 절차가 마무리된다. 영업일 기준 1~2일 안에 완료 문자를 받고 사업자등록증을 컴퓨터로 출력한다.

인터넷 사용이 어려운 사람은 관할 세무서에 방문하면 바로 사업자등록증을 발급해준다. 필요한 준비물은 등록신청서, 대표자 신분증, 임대차 계약서다.

02

Before 2단계:
스마트스토어 판매자 가입하기

네이버에 '스마트스토어센터'라고 검색한다. 판매자 가입하기를
클릭하면 판매자 유형이 나온다. 개인, 사업자, 해외사업자 중 하

나를 선택한다. 아직 사업자등록증이 없다면 개인으로 가입하고
나중에 사업자등록증을 발급받은 후 판매자 유형을 사업자로 변경
한다.

사업자로 가입하려면 사업자등록증과 대표자 명의 통장이 필요하다.

네이버 쇼핑에 내 상품을 노출하려면 체크한다. 네이버 톡톡은 고객 문의 사항이나 CS를 위해 필요한 부분이므로 체크하는 것이 좋다.

사업장 정보는 사업자등록증에 있는 정보를 그대로 입력한다. 통신판매업은 신고 전이면 '통신판매업 미신고'를 체크하고, 신고했다면 '통신판매업 신고 완료'를 체크한다. 통신판매업 신고하는 방법은 다음 장에 자세히 설명하기로 한다.

대표자 정보는 대표자 명의 휴대전화를 인증하면 인감증명서
는 별도로 준비하지 않아도 된다.

스마트스토어 이름 정하는 데 며칠씩 고민하는 사람이 있는데, 스토어명은 중요하지 않다. 쇼핑할 때 스토어명을 보고 구매 여부를 결정하는 사람은 한 명도 없다. 본인이 인터넷에서 물건을 살 때 스토어명을 보고 구매했는지 생각해보면 답이 나온다. ○○몰, 또는 ○○숍처럼 단순하게 짓고, 나중에 좋은 스토어명이 떠오르면 그때 수정하면 된다. 1회에 한해 수정할 수 있다.

스마트스토어 URL은 아무거나 적으면 된다. 쇼핑할 때 주소창에 URL을 직접 치고 오는 사람은 없다. 여기서 시간 낭비하지 말고 아무 영어나 적는다.

소개글은 "안녕하세요. 항상 좋은 상품만 판매하는 ○○몰입니다."라고 간략하게 적는다.

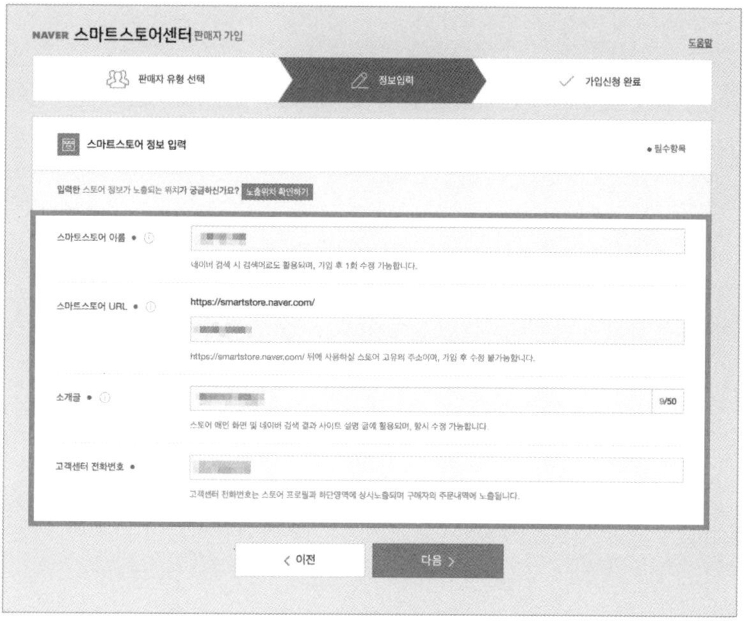

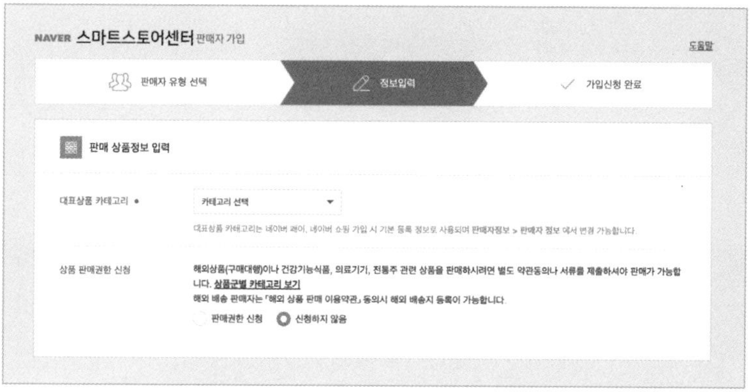

고객센터 전화번호는 본인 휴대폰 번호를 적으면 된다. 만약

개인 휴대폰을 노출하기 싫다면 '아톡'이라는 앱을 통해 인터넷 전화번호를 받아 등록한다.

대표상품 카테고리는 본인이 판매하고 싶은 카테고리를 선택한다. 나중에 변경 가능하니 지금은 아무거나 선택한다.

상품 판매 권한 신청은 해당되는 경우만 체크한다. 이제 시작하는 판매자라면 대부분 신청하지 않음을 선택한다.

출고지 주소와 반품/교환지 주소는 보통 자택으로 설정한다. 사무실이 있거나 창고가 있으면 그 주소를 적고, 아니라면 집 주소를 적는다.

정산대금 입금계좌/수령방법은 휴대전화로 인증한 이름과 동일한 은행 계좌로 인증한다. 스마트스토어 운영자의 실제 통장이면 된다.

담당자 이름, 휴대폰과 이메일 주소를 인증하면 신청이 완료된다.

    단 10분 만에 대한민국에서 가장 큰 쇼핑몰인 네이버 스마트스
토어에 입점했다. 이렇게 쉽게 시작할 수 있는데 머뭇거릴 필요가
없다. 이제 시작이다.

03

Before 3단계:
통신판매업 신고하기

통신판매업신고증이란 인터넷으로 소비자와 상거래가 이루어지는 사업을 하려면 필요한 서류이다. 준비물로 구매안전서비스 이용확인증이 필요하다. 이 서류는 스마트스토어 판매자센터에 로그인 후 판매자 정보에 들어가 '구매안전서비스 이용확인증'을 다운로드 받을 수 있다.

네이버에 '통신판매업 신고'라고 검색해서 '민원신청하기' 버튼을 누른다. 그리고 정부24 사이트에서 '신청하기' 버튼을 누른다.

판매정보에서 인터넷 도메인 이름은 '스마트스토어'라고 적는다. 호스트서버 소재지는 안 적어도 된다.

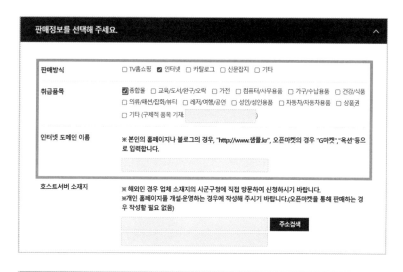

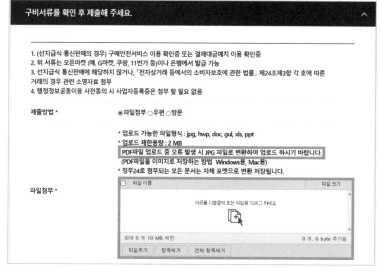

파일첨부에는 앞전에 다운로드 한 구매안전서비스 이용확인
증을 첨부한다. 이때 주의할 것은 PDF는 업로드가 되지 않으니 꼭

JPG 파일로 변환한다. 신고증 수령방법은 온라인 발급으로 선택한다.

[Web발신]
통신판매업 신고가
처리완료되었으니
위택스(www.wetax.go.kr)
에서 –
신고하기→등록면허세(면허분)
→신고서조회(오른쪽 상단)→
40500원 납부 후, 정부 24
홈페이지에서 신고증발급 하시기
바랍니다.

민원신청하기 버튼을 누르면 문자가 온다. 위택스에 들어가 40,500원을 납부하면 20~30분 후 정부24 서비스 신청 내역에서 통신판매업신고증을 출력할 수 있다. 한 가지 알아둘 사실은 통신판매업을 신고하면 등록면허세로 매년 1월 40,500원을 내야한다. 이 정도는 배달 음식 한번 안 시켜 먹으면 낼 수 있는 금액이니 아까워할 필요 없다.

04

Progress 1단계:
쇼핑몰 컨셉 정하기

스마트스토어에서 단골손님을 만들기는 어렵다. 소비자는 네이버라는 플랫폼을 믿고 상품을 구매하지 판매자의 스토어를 보고 구매하지 않는다.

예를 들어 김치가 필요한 소비자는 네이버에 김치라고 검색한다. 합리적인 가격에 좋은 리뷰가 있는 김치를 구매한다. 쇼핑몰에서 김치를 판매하는 판매자가 김치 외에 어떤 상품을 판매하고 있는지 소비자는 관심이 없다. 오로지 내가 필요한 상품을 검색해서 구매할 뿐이다. 즉, 소비자는 판매자 쇼핑몰 컨셉을 일체 신경 쓰지 않는다.

쇼핑몰을 운영할 때 한 가지 카테고리를 정해서 판매할 필요는 없다. 처음에는 여러 상품을 등록해 판매해보고, 주문이 잘 들어오는 특정 카테고리가 생기면 6개월 후 스토어를 하나 더 개설할 수 있다. 그때 컨셉을 설정해 전문몰로 만드는 것이 좋다.

05

—

Progress 2단계:
판매할 상품 구하기

쇼핑몰을 하면 '소싱'이라는 단어를 많이 사용한다. 사전적 의미는 '(부품의) 대외구매-외국으로부터의 구매'라고 되어 있지만, 쉽게 물건을 구매하는 행위라고 이해하면 된다. 본인의 쇼핑몰에 상품을 올려 판매하려면 어디선가 물건을 가지고 와야 한다. 가지고 올 상품을 물색하는 일이 소싱이다. 초보 판매자는 자신이 잘 아는 상품을 판매하거나, 직접 사용해본 상품을 팔아야 하는 줄 안다. 그런데 잘 아는 상품이라고 잘 팔리는 것도 아니고, 모르는 상품이라고 안 팔리는 것도 아니다.

내가 운영하는 스마트스토어에는 약 500개의 제품이 있다. 그

중 실제로 사용해본 제품은 10개가 되지 않는다. 대부분 도매 사이트에 있는 제품을 위탁으로 판매하고 있어 제품에 대해 잘 모르지만 판매가 된다.

내가 제품에 대해 잘 아느냐 모르느냐는 판매에서 크게 중요한 요소가 아니다. 쇼핑몰 판매자가 됐다고 판매자 마인드로 세상을 바라보면 안 된다. 철저히 소비자 관점으로 제품을 바라봐야 한다. 판매자 중심이 아닌 소비자 중심으로 사고하면 돈의 흐름이 보인다. 도매 사이트는 앞서 설명했듯 구글에서 '상품+도매 사이트'라고 검색하면 많은 사이트가 나온다. 각 사이트에서 판매가 잘되고 있는 상품 위주로 소싱한다.

상품을 소싱하는 시간을 획기적으로 줄일 수 팁이 있다. 바로 '기준'을 정하는 것이다. 초보자의 경우 판매할 상품을 찾느라 온 종일 컴퓨터 앞에 앉아 있다. 우리의 목표는 소싱하는 것이 아니라 상품을 판매해서 돈을 버는 것이다. 판매하는 데 시간과 에너지를 더 쏟아야 하는데 소싱하느라 힘을 빼서 정작 상품 등록을 못하는 경우도 많다.

예를 들어 A 초보자는 소싱을 위해 도매 사이트를 꼼꼼히 훑 어보며 2시간이 걸린다. 반면 B 초보자는 도매 사이트 화면을 켜 고 지우개를 던져 맞추는 상품을 등록한다고 했을 때 A와 B 중 누 가 올린 상품이 판매가 잘될까? 초보자의 경우 2시간 소싱해서 상 품을 등록하나, 1분 만에 소싱해서 등록하나 팔릴 확률은 비슷하 다. 왜냐면 상품을 등록하고 판매하는 스킬이 비슷하기 때문이다. 이제 쇼핑몰을 시작한 초보자라면 소싱보다 상품 등록하는 과정을 먼저 익혀야 한다. 아무리 좋은 상품을 찾더라도 상품 등록을 제대 로 하지 못하면 잘 팔 수가 없다. 실력 있는 판매자는 어떤 상품을 줘도 잘 팔고, 실력이 없는 판매자는 좋은 상품이 있어도 판매가 안 된다.

1개 팔면 마진 10만 원 남는 화장품을 초보 판매자에게 준다고 했을 때, 경쟁이 치열한 화장품 시장에서 1개라도 팔아낼 수 있을까? 거의 불가능하다. 초보자는 소싱을 위해 고민하기보다 아래 여섯 가지 기준으로 상품을 등록하며 연습하는 것이 좋다.

1. 신상품이 꾸준히 나오는 상품
특정 카테고리의 상품을 올리다 보면 더 올릴 게 없는 순간이 온다. 예를 들어 축구 액세서리를 판매한다고 하자. 한 달 정도 올리면 또 다른 카테고리의 상품을 찾아야 하고, 이걸 반복해야 한다. 처음부터 꾸준히 올려도 신상품이 계속 나오는 카테고리를 선정하면 좋다.

2. 도매가와 인터넷 판매가 차이가 많이 나는 상품
여러 도매 사이트를 둘러보면 인터넷에서 판매하는 상품과 가격 차이가 꽤 나는 걸 볼 수 있다. 보통 가격 경쟁력 있는 상품을 찾으려면 종합몰(도매꾹, 도매매, 오너클랜)보다는 전문 도매 사이트(애견, 캠핑, 의료 용품, 건강기능식품 등)가 좋다. 상대적으로 경쟁 상대도 적고, 하나를 팔더라도 마진율이 좋아 판매했을 때 기쁨도 크다.

3. 수요가 있는 브랜드 상품

브랜드 상품은 찾는 사람은 많지만 판매하는 사람은 적다. 브랜드 상품은 도매 사이트를 통해 공급받기보다 직접 본사와 거래해야 저렴한 가격으로 받아올 수 있다. 처음부터 본사에 전화해서 협상하는 게 어려울 수 있지만, 용기 내서 여러 번 부딪히다 보면 요령이 생긴다. 본사와 거래를 시작하면 해당 브랜드에서 판매하는 다른 상품도 판매할 수 있는 권한을 갖게 된다.

4. 경쟁 강도가 낮은 상품

상품의 월간 검색량 대비 판매되는 상품 수가 적은 상품을 찾는다. 쉽게 표현하면 경쟁 강도가 낮은 상품이다. 상품명을 만들기 위해 여러 키워드 사이트를 돌아다녀 보면 검색 수는 많지만 판매자가 적은 상품을 발견할 때가 있다. 그런 경우 해당 상품을 공급해 주는 도매 사이트를 찾아 상품을 등록하면 된다.

5. 시즌성 상품

매년 반복되는 이벤트가 있다. 새해, 설날, 발렌타인데이, 화이트데이, 어린이날, 어버이날, 스승의 날, 여름휴가, 추석, 크리스마스, 연말 등이다. 시즌이 돌아오기 1~2달 전 시즌성 상품을 등록한다면 다른 사람보다 이 시장을 선점할 수 있다. 시즌성 상품으로 한번의 성공 경험이 생기면, 매년 반복적으로 비슷한 매출을 만들 수 있다.

6. 이슈성 상품

우리가 원하든 원하지 않든 이슈는 계속 생긴다. 코로나도 예상치 못하게 찾아왔다. 이 시기에 마스크를 미리 재고로 가지고 있던 사람은 단기간에 엄청난 돈을 벌 수 있었다. 넷플릭스에서 〈오징어게임〉이 한참 유행할 때 달고나 세트와 트레이닝복이 엄청나게 판매됐다. 만약 이 상품을 미리 소싱해서 판매하고 있었다면 네이버 쇼핑 1위는 가볍게 가능했을 것이다. 2021년 말에는 중국에서 수출을 제안하면서 요소수 사태가 일어났다. 2022년 초에는 코로나 진단키트 품절 사태가 일어났다. 이렇듯 우리 주위에는 공급보다 수요가 많아 품절이 생긴다. 사회가 굴러가는 데 조금만 관심을 기울인다면, 이런 기회에 구경만 하는 것이 아니라 활용해서 돈을 벌 수 있다.

여러 도매 사이트를 구경하다 보면 어느 순간 보는 눈이 생기고 기준이 만들어진다. 위에 설명한 여섯 가지 중 한 가지만 제대로 할 수 있다면 월 100만 원은 어렵지 않게 벌 수 있다.

06
—
Progress 3단계:
상품 등록하기

소싱을 마치면 이제 본격적으로 스마트스토어에 상품을 등록해야 한다. 스마트스토어에 처음 입점한 사람은 아래 설명한 방법대로 따라 하면 쉽게 상품 등록을 할 수 있을 것이다.

상품을 등록하려면 스마트스토어 상품 등록에 간다.

• 카테고리

본인이 판매하고 싶은 상품을 카테고리명에 입력하면 대부분 자동으로 뜬다. 만약 자동으로 나오지 않으면 네이버에 해당 상품명을 검색하면 정확한 카테고리가 나온다. 그대로 따라 적으면 된다. 다른 카테고리로 등록하면 노출이 안 되니 주의한다.

• 상품명

네이버는 검색 기반 플랫폼이라 소비자들이 필요한 상품을 검색을 통해 구매한다. 즉, 소비자가 검색할만한 키워드를 상품명에 적어야 내 상품이 노출이 잘 된다. 상품명은 50자 이내 동일한 단어를 3번 이상 반복하지 않고 작성해야 한다. 작성 후 '상품명 검색품질 체크'를 통해 수정해야 할 부분은 없는지 확인한다.

• 판매가

8,000원으로 판매하고 싶은 상품이 있으면 판매가를 1만 원으로 하고 2,000원 할인 적용한다. 원래 8,000원짜리 상품이지만 1만 원에서 20% 할인된 것처럼 보여주면 소비자 입장에서 할인받은 느낌

을 받는다. 할인가가 최종 소비자에게 판매하는 금액이다.

판매가 ●		
판매가 ●	10,000 원 일만 원 네이버 쇼핑을 통한 주문일 경우 네이버쇼핑 매출연동수수료 2%가 네이버페이 결제수수료와 별도로 과금됩니다 <u>수수료안내 ›</u> 판매가, 할인가를 활용한 비정상 거래는 자동 탐지되어 판매지수에 포함되지 않으니 유의해주세요. <u>안내 ›</u>	
할인 ⓘ	설정함 설정안함	
기본할인 ●	판매가에서 즉시 할인이 가능한 유형으로 할인된 가격으로 상품을 판매할 수 있습니다. ☑ 전체 할인 ☐ PC만 할인 ☐ 모바일만 할인 2000 ⊗ 원 ▾ 할인 ☐ 특정기간만 할인 할인가 **8,000**원 (2,000원 할인)	
판매기간	설정함 설정안함	
부가세 ●	과세상품 면세상품 영세상품	

판매가를 얼마로 해야 할지 모른다면 네이버에 검색해서 평균적으로 판매되는 가격을 참고하면 된다. 예를 들어 다른 판매자가 평균 1만 원에 판매하고 있다면 100원이라도 저렴한 9,900원으로 올려 초기에 선택받는 것이 좋다. 처음에는 가격으로 경쟁하고 이후 잘 팔려 상위 노출되면 가격을 더 높이면 된다.

작년에 A라는 제품을 판매한 적이 있다. 대부분의 판매자가 7,000원에 판매하고 있었다. 그래서 처음에는 6,900원으로 상품을 등록했다. 주문이 들어오고 리뷰가 쌓이자 판매가를 8,900원으로 올렸다. 그래도 주문이 계속 들어왔다. 다시 12,900원으로 올렸다. 단가를 처음보다 6,000원이나 올렸지만, 주문은 꾸준히 들어왔다. 가격을 올려도 판매가 된 이유는 내 상품이 상위에 노출되고 리뷰가 많이 쌓였기 때문이다. 노출이 잘 되면 그만큼 소비자 눈에 잘 보이게 되고 판매될 확률이 높아진다.

• 재고수량

가지고 있는 재고수량을 적는다. 위탁으로 판매하는 경우 재고수량은 넉넉하게 100으로 적으면 된다. 만약 재고를 가지고 판매한다면 그 수량만큼 입력한다. 재고가 모두 소진되면 자동으로 판매가 중지된다.

•옵션

단일 상품이 아니라 옵션이 있는 경우 설정한다. 예를 들어 옷을 판매한다면 색상과 사이즈가 필요하다. 옵션입력-옵션명에 '색상'이라고 적은 후 옵션값에는 '빨강, 노랑, 파랑'과 같은 색상을 구체적으로 적는다.

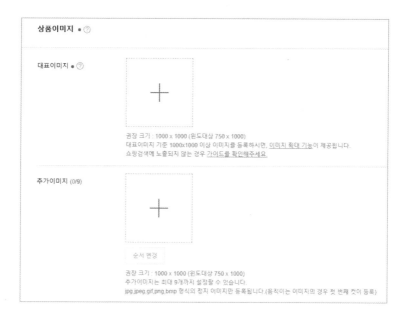

•상품이미지 : 대표이미지

대표이미지는 글자 없는 제품 사진만 있는 것이 좋다. 기존에 동일 상품을 판매하는 판매자가 많다면, 조금 다른 이미지를 올리는 것이 소비자에게 선택받을 확률이 높다. 직접 사진을 찍거나 남들이 사용하지 않는 이미지를 사용한다. 만약 직접 사진을 찍기 힘들다면 도매 사이트에서 제공해준 상세페이지 중 제품이 돋보이는 사진을 활용한다.

• 상품이미지 : 추가이미지

추가이미지는 없어도 상품 등록이 가능하다. 하지만 최소 2~3개 정도 상품에 대한 추가 이미지를 넣으면 네이버 알고리즘에 가산점을 받을 수 있다. 알고리즘에 선택받아야 상위 노출이 가능하다. 상품 등록 시 최대한 많은 정보를 정확히 입력하는 것이 중요하다.

• 상세설명

상세페이지는 어떻게 작성할까? 초보자가 가장 어려워하는 부분이다. 걱정할 필요 없다. 도매 사이트에서 제공해주는 상세이미지를 그대로 복사해서 붙여넣기만 하면 된다. 내가 사용하고 싶은 이미지에 마우스를 올리고 오른쪽 버튼을 눌러 복사한다. 그리고 스마트스토어 상세설명에서 붙여넣기를 하면 1초 만에 상세페이지가 완성된다. 복사+붙이기(ctrl c+ctrl v)만 할 줄 알면 된다.

나도 아직 이 방법으로 상품을 등록하고 있다. 포토샵 같은 프로그램을 사용하지 않아도 그럴듯한 상세페이지를 만들 수 있다. 상세페이지의 핵심은 소비자가 내 상품을 사도록 설득하는 것이다. 상세페이지를 포토샵으로 예쁘게 꾸미면 좋겠지만, 꼭 그렇게 하지 않아도 판매할 수 있다.

• 상품 주요정보

브랜드와 제조사는 도매 사이트에서 제공해주는 정보를 입력

한다. 만약 모르면 제품의 상세페이지를 보면 나와 있다. 상품 속
성은 어떤 카테고리를 선택하느냐에 따라 다르게 나온다. 전자제
품의 경우 KC인증 정보를 입력한다.

•상품정보제공고시

판매하는 상품군을 선택한 후 전체 '상품상세 참조'로 체크한다.

• 배송

배송비는 보통 2,500원~3,500원 사이의 가격대를 설정한다. 제품을 1개라도 더 판매하고 싶다면 조건부 무료배송을 선택한다. 예를 들어 3만 원짜리 상품을 판매한다면, 5만 원 이상 무료배송으로 설정한다. 그러면 1개 구매할 사람도 배송비를 아끼기 위해 2개를 구매할 수 있다. 제품 마진이 택배비보다 높다면 이런 식으로 배송비를 설정하는 것도 좋은 전략이 될 수 있다.

• 반품/교환

스마트스토어 입점할 때 등록했던 주소로 설정한다. 대부분 집주소로 한다.

• A/S, 특이사항

A/S 전화번호는 필수적으로 입력해야 하는 항목이다. 본인 휴대폰 번호를 적으면 되는데 타인에게 휴대폰 번호를 노출하기 싫

다면 '아톡'이라는 앱을 통해 070 번호를 받아 등록한다.

• 추가상품

본 상품 외에 추가로 판매하고 싶은 경우 설정한다. 예를 들어 다이어리를 판매하는 경우 펜이나 스티커를 추가상품으로 구성할 수 있다. 없으면 그냥 넘어간다.

• 구매/혜택 조건

소비자는 철저히 계산적이다. 상품을 구매한 후 리뷰 포인트를 주지 않으면 절대 리뷰를 쓰지 않는다. 한 명이라도 리뷰를 더 쓰게 만들려면 리뷰 작성 시 포인트를 300~1,000원을 주는 것이 좋다. 판매자도 본인이 판매하는 상품에 리뷰가 많이 달리면 그만큼 구매전환율이 좋아지기 때문에 리뷰도 신경 써야 한다.

• 검색설정

일명 '태그'라고 부른다. 판매하는 상품과 관련된 키워드를 입력한다. 첫 단어를 치면 네이버 검색 사전에서 자동으로 검색된다. 크게 중요한 부분은 아니지만, 태그를 3~4개 적어주면 알고리즘에게 가산점을 받을 수 있다.

• 노출 채널

'스마트스토어 전용 상품명 사용'은 오프라인 매장이 있는 경우 체크하고 온라인에서만 판매한다면 체크하지 않는다.

'가격비교 사이트 등록'에서 네이버쇼핑은 반드시 체크한다. 그래야 네이버에서 검색했을 때 내 상품이 노출된다.

지금까지 알려준 방법대로 차근차근 상품을 등록했다면 2~8시간 이후 네이버에 내 상품이 노출된다. 처음에는 상위에 노출되기 어려울 수 있지만, 꾸준히 하다 보면 자신만의 노하우가 생기고 노출 순위가 차츰 올라가는 걸 볼 수 있다. 한술 밥에 배부를 수 없다. 무슨 일이든 처음부터 큰 성과가 나지 않는다. 하지만 꾸준히 하면 상품 등록하는 시간도 단축되고 상품 보는 눈도 생겨 머지않아 주문받는 신기한 경험을 할 수 있을 것이다.

07

Progress 4단계:
상품명 만들기

"저렴한 상품과 비싼 상품 중 어떤 상품이 더 잘 팔릴까?"

　이 질문을 하면 저렴한 상품이 잘 팔린다고 말하는 사람이 대부분이다. 과연 그럴까? 절대 아니다. '노출 잘 되는 상품'이 잘 팔린다. 소비자의 눈에 띄지 않으면 판매는 절대 일어나지 않는다. 아무리 저렴한 상품이더라도 보이지 않으면 살 수 없다. 상품명은 쇼핑몰에서 가장 중요한 부분이다. 네이버 알고리즘은 상품명에 큰 가중치를 주고 있다. 그래서 소비자가 검색할만한 단어를 조합하여 상품명을 만드는 것이 핵심이다.

대부분의 판매자는 '대형 키워드'를 활용해 상품명을 만든다. 여기서 말하는 '대형 키워드'란 월간 검색량이 1만 회 이상 되는 키워드이다. 검색량이 많다는 건 그만큼 경쟁하는 판매자가 많다. 초보자가 대형 키워드로 상위에 노출되는 건 거의 불가능하다. 이미 기존에 판매가 많이 된 상품들이 1페이지에 노출되어 있어 그것보다 상위에 노출되는 건 상당히 어렵다. 그럼 어떻게 해야 할까? 바로 '소형 키워드'를 활용하는 것이다.

예를 들어 '유산균'을 판매한다고 하면 유산균, 프로바이오틱스와 같이 많은 소비자가 검색할 키워드를 상품명에 넣기보다 덴마크유산균, 변비유산균, 어린이유산균과 같은 소형 키워드를 활용하면 대형 키워드보다 상위에 노출될 확률이 높아진다.

경쟁력 있는 좋은 상품명을 만들기 위해 판다랭크, 아이템스카우트, 헬프스토어, 일렉타르 등 다양한 검색 최적화 사이트를 이용하면 좋다. 이런 사이트는 경쟁력 있는 키워드와 검색 수 대비 판매자가 적은 키워드를 알려준다.

08
—
After :
사입하기

쇼핑몰에 상품을 등록하고 판매하다 어느 순간 현타를 느끼는 순간이 온다. 예를 들어 1개 팔아 1,000원이 남는 상품이 있다고 하면 '이거 팔아서 부자가 될 수 있을까? 하루에 5개 팔아도 커피 한잔 사 먹으면 끝인데?' 하는 생각이 들 때가 있다. 나도 그랬다. 처음 흉터밴드를 팔았을 때 1개 팔면 500원의 마진이 남았다. 하루에 10개를 팔아도 5,000원밖에 안 남는다. 그 시간에 차라리 편의점 알바로 최저시급 받는 게 더 낫다는 생각을 한다. 맞다. 1개 팔아서 계속 500원밖에 안 남는다면 나도 중간에 그만뒀을 것이다. 하지만 마진을 더 높일 수 있는 방법이 있다. 지금은 같은 상품을 1개 팔아도 5,000원 이상의 마진이 생긴다. 내 상품이 상위에 노출되면 판매가를 높여도 소비자는 구매한다는 사실을 알게 됐다.

　이제 시작하는 판매자는 처음부터 마진을 많이 남기긴 어렵다. 처음에 상품을 등록할 때는 기존에 올라온 상품들과 비슷한 가격대로 판매하는 것이 좋다. 예를 들어 도매 사이트에 축구공이 1만 원에 판매되고 있다면 내 스마트스토어에는 마진 10%를 더한 11,000원에 판매한다. 50% 이상의 높은 마진을 붙여서 판매하면 좋겠지만, 판매가 안 되면 상품을 등록한 노력이 헛수고가 될 수 있다. 솔직히 축구공을 10만 원에 판매해도 나무라는 사람은 없다. 아무도 사지 않을 뿐이다. 초보자는 상품을 1개 팔아서 돈을 번다는 생각보다 경험해본다는 생각으로 접근하는 것이 오히려 마음이 편하다. 처음에는 경쟁력 있는 가격으로 판매하고 리뷰가 쌓이면 차츰 판매가를 높이면 된다.

　마진을 높이는 방법은 두 가지다. 내 상품을 비싸게 팔거나 아니면 내가 저렴하게 사면된다. 기존에 1만 원에 사던 상품을 8,000원에 살 수 있으면 2,000원의 마진이 더 생긴다. 어떻게 더 저렴하게 살 수 있을까? 그 방법을 알려면 먼저 쇼핑몰의 유통 구조에 대해 알아야 한다.

　내가 판매하는 제품 중 네이버 상위에 1페이지에 노출된 허리 보호대가 있다. 약국에서는 35,000원에 판매하고 있다. 이 상품을 판매하고 싶어 여러 도매 사이트를 찾아보니 23,000원에 살 수 있었다. 이걸 나는 스마트스토어에 35,000원에 올렸다. 하루에 1~2건 주문이 들어왔다. 1개 팔면 약 1만 원의 순수익이 생겼다. 그러다 문득 '도매 사이트 판매자도 마진을 붙여서 나한테 팔 텐데 그 사람은 이 물건을 어디서 가지고 오지?'라는 생각이 들었다. 여러 군데 수소문하니 도매 사이트 판매자도 대리점에서 구해온다고 했다. 대리점에 연락해 얼마에 판매하는지 물어보니 18,000원이라고 했다. 같은 제품인데 5,000원을 더 저렴하게 살 수 있었다. 또 3개월 정도 열심히 판매하다 갑자기 '대리점도 마진을 붙여서 판매할 텐데 제조업체에서 직접 받으면 얼마나 할까?' 하는 생각이 들었다. 그리고 제조사를 찾아서 연락했다. 12,000원에 공급해준다고 했다. 똑같은 제품도 누구에게 사 오느냐에 따라 가격이 천차만별이었다. 제조사에서 12,000원 사서 인터넷에 35,000원에 판매하면 개당 23,000원(수수료 제외)의 마진이 생겼다. 내가 만약 대리점, 제조사를 찾지 않고 계속 도매 사이트를 통해 판매했다면 마진을 높이기 힘들었을 것이다.

제조사에서 제품을 저렴하게 받아오면 좋지만, 이것도 경험이 필요하다. 다짜고짜 제조사에 전화해서 물건을 달라고 하면 대부분 거절당한다. 판매할 능력이 검증되지 않았을 뿐만 아니라, 공장과 거래하려면 최소 주문 수량이 존재한다. 적게는 10개에서 많게는 1만 개까지 된다. 그래서 처음부터 많은 수량을 사입하면 재고 부담이 생긴다. 가능한 도매 사이트의 상품으로 판매 경험을 쌓고 이후 판매가 잘되면 그때 제조사를 찾는 것이 좋다.

사입은 제조사와 직접 연락해야 한다. 제조사 정보는 상품의 상세페이지를 보거나 인터넷에 검색하면 나온다. 쇼핑몰 경험이 적은 사람이 제조사에 연락하려면 무슨 말을 해야 할지 모르고 거절당할까 봐 두렵다. 하지만 용감하게 연락해서 필요한 정보를 받아야 한다. 용감한 자가 미인을 얻는 것처럼 용감한 자가 좋은 상품을 가져올 수 있다. 회사 홈페이지에 있는 대표번호로 전화를 걸어 내가 직접 살 수 있는지, 아니면 대리점을 통해 사야 하는지 물어보면 된다. 여러 번 전화를 하다 보면 협상 스킬이 생기고 어떤 식으로 이야기해야 제조사에서 제품을 공급해줄지 어렴풋이 알게 된다. 만약 제조사와 거래가 되어 사입할 수 있다면 그 제조사에서 생산하고 있는 다른 제품도 판매할 수 있는 권한을 가지게 된다. 사입은 마진을 높이기 위해 꼭 거쳐야 할 과정이다.

09

After :
고객 응대하기

쇼핑몰을 운영하다 보면 고객 문의를 받거나 컴플레인 전화를 받을 때가 종종 있다. 어떻게 하면 효율적으로 고객 응대를 할 수 있을까? 방법이 있다.

쇼핑몰이 부업이라면 대부분 직장에 있을 때 이런 연락을 받는다. 옆에 상사나 동료가 있는데 고객과 통화하면 곤란한 상황에 직면할 수 있다. 나도 회사 다니며 부업으로 쇼핑몰 할 때 모르는 번호로 전화가 자주 왔다. 일단 모르는 번호는 전화를 받지 않는 것이 좋다. 내가 예상하지 못한 타이밍에 예상하지 못한 이야기를 들을 수 있기 때문에 전화보다 문자가 낫다.

쇼핑몰을 시작한 지 얼마 안 됐을 때는 고객 응대에 최선을 다했지만 큰 의미가 없다는 걸 알게 됐다. 내게 전화한 고객은 무언가 불만이 있어서 전화한 경우가 대부분이다. 이때 전화를 받으면 상대방이 누군지, 뭘 원하는지 알 수 없어 불필요한 이야기를 듣게 된다. 간단하게 문자로 주문자가 누구인지, 어떤 문제가 있는지 물어보고, 그에 대해 답변만 해주면 쉽게 해결할 수 있다. 네이버는 '톡톡'이라는 기능을 제공해준다. 고객과 소통할 일이 있으면 톡톡을 적극적으로 활용하면 좋다.

내가 판매하는 제품의 기능이나 사용 방법에 대해 물어보는 경우가 있다. 이때 내가 답변할 수 없는 질문이라면, 동일한 상품을 판매하는 판매자에게 톡톡으로 물어보고 답변 받은 내용을 내 고객에게 알려주면 된다. 내가 본업이 있는데 피해를 입으면서까지 고객 응대를 빨리해줄 필요는 없다. 한 번 찾아온 고객이 다시 내 스토어에 들어와 상품을 구매할 확률은 거의 없다. 고객은 필요한 상품이 있으면 매번 검색을 통해 주문한다. 한마디로 일회성 손님이 내 상품을 주문한 경우가 대부분이기 때문에 한 명 한 명 모두 신경 쓰는 것보다 불특정 다수에게 내 상품을 판매하는 것이 매출 측면에서 더 낫다.

10
—
After :
고객 리뷰 받기

소비자는 상세페이지만 보고 상품이 얼마나 좋은지 알기 어렵다. 그래서 주문하기 전 실제 구매한 고객의 리뷰를 본다. 실구매자가 만족하는지 확인하고 좋은 리뷰가 많으면 결제하고, 반대로 안 좋은 리뷰가 많으면 다른 상품을 구매한다. 쇼핑몰을 운영하는 판매자라면 어떻게든 좋은 리뷰를 많이 받으려고 노력한다. 하지만 리뷰 받기는 생각보다 어렵다. 왜냐면 고객은 주문한 상품이 도착하면 개봉하기 바빠 리뷰 쓰는 걸 잊는다. 리뷰를 잘 받기 위한 나만의 노하우가 있다.

첫째, 리뷰 작성자에게 높은 포인트를 제공한다. 가령, 리뷰 작성 시 지급하는 포인트를 100원이 아니라 1,000원 이상으로 올린다. 네이버 포인트는 현금처럼 사용할 수 있어 포인트를 받기 위해 리뷰를 남길 확률이 높다. 나도 초반에는 리뷰를 받기 위해 마진을 전부 리뷰 포인트로 고객에게 돌려줬다. 그 덕분에 리뷰를 많이 받을 수 있었다.

리뷰 작성자에게 포인트를 주면 마진이 줄어든다고 말하는 판매자가 있다. 초기에는 돈을 벌기보다 남는 마진만큼 리뷰 포인트를 주면 리뷰를 많이 받을 수 있다. 매출 100억 원 이상의 고수에게 컨설팅받을 때, 초기에는 상품을 등록하고 리뷰를 쌓기 위해 마진만큼 리뷰 포인트를 지급한다는 이야기를 들었다. 리뷰가 많이 쌓이고 상위에 노출되면, 그때부터 가격을 올리거나 추가 상품을 구성해 객단가를 높일 수 있다.

둘째, 고객에게 감동을 준다. 온라인에서는 소비자와 대면할 수 없어 감동을 주기가 어렵다. 하지만 온라인에서만 할 수 있는 방법이 있다. 대부분의 판매자는 주문을 받으면 기쁜 마음에 도매 사이트에 들어갈 생각만 한다. 이때가 중요하다. 나는 리뷰를 쌓기 위해 주문 접수 시, 출고 시, 제품 도착 시 총 세 번의 메시지를 고객에게 보냈다. 처음에는 주문이 접수됐음을 문자로 알리고, 두 번째는 택배사와 송장번호를 문자로 보내고, 마지막에는 구매 확정과 리뷰 포인트에 관한 내용을 문자로 안내했다. 예를 들어,

"안녕하세요, ○○○ 고객님.

저희 쇼핑몰에서 ×× 상품을 구매해주셔서 감사합니다.

주문이 정상적으로 접수됐음을 알려드립니다.

행복한 하루 보내세요."

이런 문자를 보내면 고객은 '뭐 이런 걸 다 보냈지?'라고 의아해하며 무시한다.

도매 사이트에 주문하고 송장번호가 나오면

"안녕하세요, ○○○ 고객님.

주문하신 ×× 상품은 CJ대한통운 1234-5678-9012로 출고됐습니다.

1~2일 이내에 도착할 것 같습니다. 행복한 하루 보내세요."

고객은 문자를 받으면 '상품이 오늘 출고됐으니 빠르면 내일쯤 도착하겠네.'라고 생각한다. 상품이 언제 오는지 궁금해하는 고객의 마음을 헤아리고 먼저 안내하는 것이다. 송장번호를 조회하면 해당 상품이 어디에 있는 알 수 있다. 고객 집에 도착했다는 메시지가 오면

"안녕하세요, ○○○ 고객님.

주문하신 ×× 상품이 도착했습니다.

리뷰 작성 시 감사의 의미로 네이버 포인트 1,000원을 드립니다.

행복한 하루 보내세요."

고객은 주문한 상품에 리뷰를 쓰면 얼마의 포인트를 받는지 모른다. 그래서 리뷰 쓸 생각을 하지 못한다. 이때 문자로 리뷰 작성 시 얼마의 포인트를 주는지 언급하면 바로 리뷰를 달아준다.

주문 접수, 출고, 배송 완료 총 세 번의 메시지를 보내면 고객은 판매자에게 감동한다. 경험적으로 이런 문자를 보내면 10명 중 8~9명은 판매자에게 친절함을 느끼고 좋은 리뷰를 달아줬다. 주문량이 많아지면 일일이 문자를 보내기 힘들지만, 상품을 등록하고 리뷰 2~3개가 쌓일 때까지 했다. 손 편지와 사탕을 동봉해 리뷰 작성을 유도하는 판매자도 있지만, 문자가 여러모로 효과가 뛰어나다.

셋째, 지인에게 부탁한다. 오프라인에 작은 식당을 오픈하더라도 지인들에게 연락을 돌린다. 어떻게든 매장에 와서 하나라도 사먹도록 부탁한다. 하지만 온라인 쇼핑몰은 개설해도 주위에 알리지 않는다. 내가 판매하려는 상품이 필요할 것 같은 지인에게 링크를 전달하고 주문을 부탁할 생각을 하지 못한다. 고가의 상품이라면 꺼릴 수 있지만 1~2만 원 정도의 상품이라면 부담 없이 부탁해도 된다. 다른 쇼핑몰과 가격 차이가 크지 않다면 아는 사람에게 사주는 게 인지상정이다. 만약 지인이 내 상품을 주문한다면 좋은 리뷰를 부탁한다. 이런 식으로 리뷰를 몇 개 쌓아두면 다른 고객이 제품을 구경할 때 긍정적인 영향을 미친다.

감나무 밑에 입을 벌리고 감이 떨어질 때까지 기다리지 말고, 내가 할 수 있는 데까지는 최선을 다해야 한다. 쇼핑몰 세계에 100%라는 건 없다. 그저 매 순간 최선을 다해 판매될 확률을 높일 뿐이다.

이 정도의 정보만 있어도 충분히 시작할 수 있다. 아직도 망설이고 있는가? 선택은 당신 자유다. 하지만 머뭇거리고 있는 만큼 그토록 원하는 월 1,000만 원의 꿈은 점점 멀어지고 있음을 알아야 한다. 평범한 나도 해냈다. 결국 실행이다. 가난의 변곡점을 지나, 부의 변곡점으로 이동해 여러분이 원하는 것들을 하며 행복하게 살길 진심으로 바란다.

30대 | 오○○ 님

30대 오○○ 님을 만난 것은 독서 모임에서였다. 그는 태어날 때부터 뇌성마비라고 했다. 거동이 불편하고, 말도 어눌했다. 고등학교에서 교무보조로 일하면서 틈틈이 독서도 하고, 좋은 강의를 찾아 듣는, 한마디로 자기 계발에 관심 많은 사람이었다. 또 블로그에 매일 글을 쓰며, 언젠가는 자기 이름으로 출간도 해보고 싶다고 했다. 우연히 옆자리에 앉게 된 그와 여러 이야기를 나누게 되었다.

> 오○○: 대표님, 블로그에 1일 1포스팅을 해도, 자기 계발 강의를 아무리 들어도 수입이 늘지 않네요. 제 꿈은 디지털 노마드인데 말이죠. 장소에 구애받지 않고 돈 벌 수 있는 방법 없을까요?
>
> 나: 블로그도 좋지만, 노력 대비 수입이 적다고 생각해요. 스마트스토어를 권해드리고 싶은데, 어떨까요? 온라인에서 상품을 판매하는 거라 장소에 구애받지도 않고, 고객을 직접 대면할 일도 없어요.

오○○: 온라인 쇼핑몰이요? 제가 할 수 있을까요? 뭔가를 한번도 팔아본 적이 없어서요……

나: 그럼요, 충분히 할 수 있습니다. 온라인에서는 상품만 보이거든요. 판매자가 보이지 않아서, 장애가 있어도 상관없어요. 소비자들은 오로지 상품을 보고 선택을 하니까요.

쇼핑몰 운영만 잘해도 꿈꿨던 디지털 노마드가 될 수 있습니다.

오○○: 블로그를 오래 관리해 와서 글쓰기는 부담 없어요. 몸이 불편해서 다른 사람들처럼 빠르게 하지는 못해도, 꾸준한 건 자신 있습니다. 스마트스토어, 대표님께 배워볼게요.

이렇게 오○○ 님과의 컨설팅이 시작되었다. 사업자등록증 발급, 통신판매업 신고부터 스마트스토어 입점, 상품 등록까지 세세하게 알려주었다. 독수리 타법이었지만, 그는 하루도 빠지지 않고 매일 상품을 등록했다. 그리고 며칠 뒤 첫 주문을 받았다. 본인도 그 상품이 왜 팔렸는지 모르겠다며 신기해했다.

그런데 하루에 1~2건씩 주문이 꾸준히 들어왔지만, 등록한 상품에 비해 주문이 적은 것 같았다. 피드백을 하기 위해 쇼핑몰을 살펴보니 상세페이지가 이미지만으로 구성되어 있었다. 도매사이트에서 제공해준 이미지를 편집 없이 그대로 사용하고 있었던 것이다. 멘트만 살짝 추가해주면 좋을 것 같았다. 예를 들어, 스탠드를 판매한다면

"서울대, 고려대, 연세대에 입학하고 싶다면
꼭 써야 하는 ○○○ 스탠드!
책상에 앉아 있으면 밤인지 낮인지 모를 정도입니다.

어떤 파장의 빛이 나오느냐에 따라 집중력이 달라집니다.
○○○ 스탠드는 학습하기에 가장 좋은 파장을 냅니다."

처럼 고객이 쇼핑몰에 방문했을 때, 구매하고 싶은 마음이 들도록 멘트를 작성할 필요가 있다고 설명했다.

나의 이야기를 듣고 오○○ 님은 그 즉시 기존에 올린 상품의 상세페이지에 멘트를 추가했다. 멘트만 추가했을 뿐인데 판매가 왕성하게 일어나기 시작했다. 그에 더해 추가 상품을 구성했다. 마진을 높이기 위한 전략이었다. 고객이 구매할 때 더 많은 상품을 선택하도록 유도해 객단가를 높였다. 가령, 마스크를 사러 온 고객에게는 마스크 스트랩을, 크리스마스트리를 사러 온 고객에게는 조명을 선택할 수 있게 했다.

그 결과, 오○○ 님은 스마트스토어 시작 2개월 만에 월 매출 250만 원을 달성했다. 판매한 상품의 마진율을 10~15% 잡으면 약 30만 원의 수익을 얻은 것이다. 그에게는 쇼핑몰로 돈을 벌었다는 사실도 좋았지만, 그보다 소비자에서 생산자로 역할이 바뀌었다는 것이 더 중요한 일이었다.

오○○ 님은 인터넷으로 물건을 구매하는 소비자에서 물건을 판매하는 판매자가 되니 세상이 다르게 보인다고 했다. 나 역시, 온라인 쇼핑몰은 외모, 성별, 학벌, 지능, 나이, 심지어 장애 여부와 상관없이 누구나 돈을 벌 수 있다는 걸 알게 된 계기였다.

혹시 12월 매출이 어느 정도 되나요?^^

오○○

2,036,210원 판매등급
2,532,910원 정산내역
1,930,410원 빠른정산
조회하는 곳 마다 조금씩 다르네요

와~~ 대단하네요ㅎㅎ

오○○

다 대표님 덕분입니다.
감사합니다.^^

제가 볼 때 꾸준히 하면 2월쯤에는
월 매출 500만 원 될 것 같은데요?ㅎㅎ

2021년 1월, 줌으로 무료특강을 진행했다. 보통 무료특강에는 평균 80~100명이 모인다. 그날도 마찬가지로 비슷한 인원이 입장했다. 특강을 마친 후 가정주부 한 분과 상담을 하게 됐다. 그것이 50대 이○○ 님과의 첫 만남이었다.

첫째 아들을 군대에 보내고 소일거리를 찾는다고 했다. 유튜브에서 스마트스토어 영상을 몇 차례 봤지만, 50대의 나이로 쇼핑몰을 시작하려고 하니 겁이 난다고 했다. 충분히 공감하는 부분이다. 나이를 떠나 누구나 새로운 일을 시작하려고 하면 기대보다 두려움이 큰 법이다. 그렇게 전화 상담이 시작되었다.

나: 스마트스토어, 어렵지 않아요. 저도 부업으로 시작한 지 이제 1년 정도 지났는데, 본업보다 더 높은 수익을 내고 있습니다. 한번 배워두면 틈틈이 상품 등록하면서 소일거리도 되고, 돈도 벌 수 있는 도구예요.

잘 배워서 아들이 전역하면 직접 가르쳐줘도 좋을 것 같습니다.

이○○: 대표님 특강 듣고 해보고 싶은 마음이 생겼는데, 저는 컴퓨터를 할 줄 몰라요. 쇼핑몰을 하려면 제품 사진도 찍어야 하고, 포토샵도 다룰 수 있어야 할 것 같은데, 제가 하기엔 무리이지 않을까요?

나: 아뇨, 컴퓨터를 못해도 쇼핑몰 운영 가능합니다. 저도 컴맹인데, 월 매출이 1억 원 넘거든요. 제가 하나하나 알려드릴게요.

이○○: 그게 가능한가요? 컴퓨터 못 해도 할 수 있다면, 도전해볼게요. 시간도 많으니 천천히 배워보겠습니다.

컴퓨터를 잘 다루지 못해도 쇼핑몰 운영이 가능하다는 나의 말을 듣고, 이○○ 님은 도전했다. 매주 줌으로 만나 차근차근 알려드렸다. 무자본 무재고 창업이 가능한 이유와 위탁판매, 사입, 경쟁력 있는 도매 사이트 찾는 방법 등 초보자에게 필요한 내용을 중심으로 설명했다.

평소 컴퓨터 사용할 일이 없어 첫 상품 등록하는 데만 5시간 이상 걸렸다. 설상가상으로 컴퓨터 앞에 오래 앉아 있다 보니, 눈도 침침하고 허리도 아프다고 했다. 특히, 상품을 소싱할 때 어떤 상품을 선택해야 할지 몰라 시간이 많이 걸린다며, 이 부분만 해결된다면 시간 단축을 할 수 있을 것 같다고 했다.

솔직한 고백에 상품을 추천해드렸다. 그때가 설날을 앞둔 시기라 선물 세트를 잘 구성해 올려보라고 했다. 많은 회사가 직원에게 줄 선물 세트를 온라인으로 구매한다는 사실을 알고 있었던 나는 상품명을 잘 적어 상위 노출만 된다면 대량 주문을 받을 수 있다고 했다. 이○○ 님은 주저하지 않고, 햄과 참치가 골고루 구성된 선물 세트를 등록했다. 그리고 4일 만에 첫 주문을 받았다. 수량은 280개였다. 예상했던 대로 한 회사에서 대량으로 주문한 것이었다.

그런데 주문을 받고 기쁜 마음으로 수많은 도매 사이트를 뒤졌지만, 280개의 선물 세트를 재고로 둔 판매자는 없었다. 안절부절 못하던 이○○ 님은 나에게 SOS를 요청했다. 상황 설명을 들은 나는 제조사에 직접 연락해보라고 했다. 수량이 많을 때는 도매 사이트나 오픈마켓을 이용하는 것보다, 해당 상품을 만드는 제조사와 거래하는 것이 마진 면에서도 유리하다는 설명과 함께.

이○○ 님은 통화가 끝나자마자 제조사에 대량 구매 견적을 요청했다. 견적을 확인하니 온라인 판매가 보다 20% 이상 저렴했다. 뿐만 아니다. 만일 도매 사이트에서 재고가 넉넉했다면, 수량별 배송비도 추가로 지불해야 했지만 제조사에서는 납품도 무상으로 해줬다. 그로 인해 이○○ 님은 단 한번의 주문 건으로 100만 원 이상의 순수익을 얻었다.

 이○○

어제 선물 세트 주문 건 주문 완료 했습니다.
매출 6,412,000원이네요. 너무 큰 경험을 할 수 있어 뿌듯합니다.
우여곡절이 많았지만 대표님의 많은 조언으로 잘 해낼 수 있었습니다. 머리 숙여 감사드립니다. 함께 응원해주셔서 감사합니다.

이○○

이번 상품 선정할 때 알게된 빅뉴스 하나 드릴게요.
저는 CJ몰에서 구매했습니다.
CJ몰에는 대량구매 견적서를 의뢰할 수 있더라고요.
그래서 280개 물량의 견적을 받았는데,
24,060원을 20,900원으로 받을 수 있었고요.
직접 카드 결제 가능했습니다.
배송은 용달 배송으로 무료였어요. 그리고 더 대박은
상품권 15만 원 CJ몰 적립금 50만 원 받게 되었습니다.
서비스 이벤트는 상황마다 다르지만 늘 있는 거라고 하네요.
명절 때 활용하면 많은 도움 될 듯합니다.

　50년 평생 살면서 이때처럼 심장이 두근거리고 긴장되는 순간
은 없었다고 했다. 주문 받고 재고가 없어 어쩔 줄을 몰라 밤잠까
지 설쳤는데, 배송을 끝내고 두 다리 뻗고 잤다고 웃었다. 그리고
그 성공 경험을 통해 자신감을 얻은 게 눈에 보였다. 쇼핑몰은 젊
은 사람만 하는 것이 아니라 자기처럼 나이가 있어도 도전하면 할
수 있다는 걸 깨달았다고 했다.

2021년 3월, 친구에게 전화가 왔다. 내가 스마트스토어를 하고 있다는 사실을 SNS를 통해 봤다면서, 본인도 배워보고 싶다고 했다. 그는 카페에서 바리스타로 근무 중이었는데, 나이도 많고 계약 기간이 끝나 곧 실업자가 된다고 했다. 게다가 외벌이로 아이도 2명이라 뭐라도 해야 한다는 말도 덧붙였다. 사실 예전부터 쇼핑몰에 대한 관심은 있었지만, 어디서부터 어떻게 해야 할지 몰라 전화했다고 했다.

정○○ : 윤진아, 쇼핑몰 하려면 자본금 얼마 정도 필요하노?

나 : 돈? 필요 없는데. 신용카드 있나?

정○○ : 어. 근데, 신용카드는 왜?

나 : 우선 상품을 신용카드로 결제하고, 고객한테 배송하면 정산 되거든. 카드값은 한 달 뒤에 결제 되니까, 돈 없이도 쇼핑몰 운영할 수 있는 거지.

정○○ : 진짜? 신사임당 유튜브 볼 때부터 해보고 싶었는데, 뭐부터 시작해야 할지 몰라서 손도 못 댔다. 니가 옆에서 좀 알려줄 수 있나?

나 : 어. 그런데 뭐든 공짜로 배우면 오래 지속 못 한다. 수강료 내면 가르쳐 줄게.

정○○ : 당연하지, 대신 좀 많이 괴롭힐게.

지인에게 쇼핑몰 운영 방법을 알려준 적이 있었다. 하지만 비용을 받지 않으니 가볍게 생각하고, 열심히 하지 않는다는 걸 경험적으로 알고 있었다. 그래서 친구지만 정당하게 돈을 받고, 매주 시간을 내어 쇼핑몰 하는 방법을 가르쳐줬다.

강의나 컨설팅을 하다 보면 수강생이 얼마나 간절한지 대화와 행동을 보면 알 수 있다. 이 친구는 다른 수강생보다 조금 더 간절해 보였다. 4명의 가족을 먹여 살려야 하는 가장으로 책임감을 많이 느끼고 있었다. 자본금이 없는 상태라 위탁판매로 돈을 벌고 여유가 생기면 그때 사입하는 것이 좋겠다고 했다.

처음에는 위탁판매가 뭔지, 재고 없이 어떻게 판매할 수 있는지 이해가 잘 안 된다고 했다. 도매 사이트에서 판매 중인 상품에 마진을 붙여서 본인 쇼핑몰에 상품을 등록하고, 주문이 들어오면 도매 사이트에 주문하면 된다고 설명한 다음 직접 시범을 보여줬다. 위탁판매를 완벽하게 이해한 친구는 본격적으로 상품을 등록했다. 어떤 상품을 판매할지 가늠이 안 된다고 해, 의료 용품과 건강 기능식품이 마진이 좋다는 팁을 공유했다. 그리고 쇼핑몰 운영에 필요한 서류를 구비하자마자 매일 3~5개씩 스마트스토어와 쿠팡에 상품 등록을 했다.

스마트스토어는 앞서 설명한 방법을 통해, 쿠팡은 아이템위너

부록

라는 방법을 통해 상위 노출을 시켰다. 그 결과, 쇼핑몰 시작 한 달 만에 월 매출 1,000만 원을 달성했다. 바리스타로 받는 월급을 쇼핑몰로 한 달 만에 벌게 되었다.

특별한 능력이 없더라도 간절함과 꾸준함만 있으면 월 매출 1,000만 원은 누구나 이룰 수 있다는 것을 이 친구를 통해 다시 한번 깨닫는 계기가 되었다.

○○아, 잘하고 있나?ㅎ
4월 매출은 어느 정도 나왔노?

정○○

4월에 화장품 며칠 잘 팔아서 순수익은 얼마 안 되지만, 쿠팡이 1,000만 원, 네이버는 150만 원 정도 되네ㅎㅎ

정○○

이번달은 그렇게 안 나올 거 같다ㅋㅋㅋ

와~ 진짜 대박이다!ㅎㅎㅎ

역시 니는 될 놈이다ㅎㅎ

정○○

그런가? 이번 달은 다른 상품 찾고 있는데 잘 없네ㅎㅎ 조급하지 않게 천천히 해볼게~

정○○

사실 이제 두 달짼데 지금까지
마음이 많이 급했다ㅋ

맞다ㅋ 천천히 하다 보면 올 연말에는
월 5,000만 원 거뜬히 가능할 것 같다ㅎ

매번 결심만 하는 당신에게

개구리 3마리가 나뭇잎을 타고 유유히 강물에 떠내려가고 있었다. 그중 한 마리가 벌떡 일어서더니 단호하게 외쳤다.

"너무 더워. 나는 물속으로 뛰어들 테야!"

나머지 2마리 개구리는 그저 묵묵히 고개를 끄덕였다. 그렇다면 나뭇잎에는 몇 마리의 개구리가 남았을까? 대부분 "2마리요!"라고 대답할 것이다. 하지만 틀렸다. 나뭇잎 위에는 여전히 3마리가 남아 있다. 뛰어들겠다던 개구리는 결심만 하고 실제로는 뛰어내리지 않았다.

결심과 실천은 전혀 다른 차원이다. 정말 물속으로 뛰어들었는지, 아니면 마음만 먹고 자리에 다시 앉았을지 아무도 모른다. 이 내용은 저자 호아킴 데 포사다, 엘런 싱어의 『마시멜로 이야기』에 나오는 내용이다.

수많은 자기 계발 서적과 성공한 사람들은 "실행이 답"이라고 말한다. 가장 핵심적인 비밀을 알려주는데도 수십, 수백 번을 들어도 우리는 매번 한쪽 귀로 듣고 한쪽 귀로 흘리며 결심만 하는 삶을 반복한다.

"이번 달 안에 꼭 스마트스토어 입점해야지."
"올해는 꼭 유튜브 시작할 거야."

이번만큼은 기필코 해내겠노라고 굳은 결의를 다져도 달라진 건 없다. 결심만 하고 뛰어들지 못한 개구리처럼 우리는 매번 결심만 하고 행동하지 못한다. 그런데 만일 강물에 첨벙 뛰어들었다면, 하고자 했던 일을 했더라면 어땠을까? 모르긴 몰라도 우리 인생은 많이 달라졌을 것이다.

그렇다고 그때 하지 않았다고 늦은 것은 아니다. 이 책을 읽고 있다면 당신에게도 아직 희망이 남아 있다는 증거다. 누구나 부자의 궤도로 가려면 부의 변곡점을 지나야 한다. 예외는 없다. 그러나 그 변곡점을 지나는 일은 누가 대신해주지 않는다. 남이 아닌

에필로그

나 스스로 만들어야 한다.

단순히 스마트스토어를 소개하고자 이 책을 쓴 것이 아니다. 이 책을 읽은 독자가 무엇이든 시작할 수 있는 계기를 선물하고 싶었다. 생각대로 살지 않으면 사는 대로 생각하게 된다. 사람은 자극이 없으면 지금 모습 그대로 살아가게 된다. 그 생각에 자극을 주고자 한 것이다.

변화하려면 행동해야 한다. 책을 다 읽어도 누군가는 습관처럼 유튜브를 켤 것이고, 누군가는 책 내용을 정리해 블로그에 포스팅할 것이다. 또 누군가는 스마트스토어에 입점할 것이고, 또 누군가는 쇼핑몰은 나와 맞지 않는 일이라 생각하며 또 다른 돈 벌 거리를 찾아볼 것이다.

똑같은 책을 읽어도 각자 반응하는 모습이 다르다. 나는 궁금하다. 블로그를 쓰고, 스마트스토어를 시작하고, 본인이 늘 꿈꿨던 하고 싶은 일을 한 사람의 삶이 어떻게 되어있을지. 1년 후, 3년 후 지금은 상상도 못 할 만큼 많이 성장해 있을 거라 확신한다.

이제 선택은 당신 몫이다. 지금 당장 시작해라. 그게 부의 변곡점을 지나는 첫 번째 단계이다.

부의 변곡점
ⓒ정윤진 2022

초판 1쇄 발행 2022년 5월 23일
초판 10쇄 발행 2022년 6월 2일

지은이	정윤진
편집인	권민창
책임편집	윤수빈
디자인	지완
책임마케팅	김성용, 윤호현
마케팅	유인철, 문수민
제작	제이오
출판총괄	이기웅
경영지원	김희애, 박혜정, 박하은, 최성민

펴낸곳	㈜바이포엠 스튜디오
펴낸이	유귀선
출판등록	제2020-000145호(2020년 6월 10일)
주소	서울시 강남구 테헤란로 332, 에이치제이타워 20층
이메일	mindset@by4m.co.kr

ISBN	979-11-91043-78-5 (03320)

마인드셋은 ㈜바이포엠 스튜디오의 출판브랜드입니다.